只一指頭

曙提 ◎ 著

曙师的365个提醒

序

　　善用网络弘法者，佛教界颇不乏人。由博客到微博到微信再到微信公共号，新传播方式出现后，佛教界都及时跟进，善加利用，表现出佛教精神不变而方法随缘的善巧。曙提法师也是较早玩微博的一批青年法师，"提师呓语"这个ID，可谓红极一时，粉丝众多。无他，曙提法师算是最没有大和尚架子的大和尚，扬眉瞬目，横拈竖提，从容自如。加之禅教两精，书画双美。熟悉了去同觉寺蹭上一大碗同觉面，喝上一盏同觉茶，便是一辈子的念想。

　　我与曙提法师2000年左右即在上海玉佛寺结缘，多年后重逢，网络上时常互动，更受邀多次与觉真长老、刘元春教授一起在太仓弘法。而曙提法师本人兼嗣禅宗、天台两宗法脉，身体力行。因弟子之请，曙提法师将微博微信所刊，精选365篇，题为《曙师的365个提醒》，暗嵌"曙提"二字，即见用心良苦。展卷细读，顿觉言简意赅，潇洒自如，可总结为三直：直截、直率、直心。以佛法为归依，金针度人，言不虚发，绝非今日所谓"心灵鸡汤"。曙提法师命我题序卷首，虽惭愧而不敢辞，盖有所感焉。因信口吟打油诗一首，辞曰：

大师煲鸡汤，说为心灵补。嚼饭而喂人，闻之今欲吐。
曙师著提醒，成篇三六五。读之清而韵，妙解通今古。
譬如山家供，竹笋炖豆腐。三言又两语，打破闷葫芦。
豆腐性直率，青白各为伍。时暴自糠事，挥洒总自如。
吴中选佛场，同觉香积厨。曹溪传顿法，灵岩弘净土。
可怜值末季，食者无厌足。师发菩提愿，珍馐添蘑菇。
蘑菇似直心，滋养最宜素。周礼有食医，王膳掌酱醋。
五味善调和，天下喜且睦。禅观与教观，曙师融一炉。
愿为如来使，得王髻上珠。直截断妄想，直率示甘露。
直心作道场，三直真醍醐。掩卷细回味，顿解雾霾苦。
得此赏心事，馋客亦忘俗。

2015年12月14日曹洞宗学人宗舜于京华

序

记得与曙师初识，是微博上互粉的网友，大约是因为我们都是话唠型人格，再加上隔着电脑屏幕、仗着虚拟身份，便少了几分敬畏，多了几分熟络。后来我受邀成为一个佛教网络节目的主持，竟然见到了活的曙师，一期访谈下来，暗生敬佩：这位年轻法师谈吐从容又不乏幽默，面对学者对末法时期乱象的质疑，淡定释疑、慈悲引导，四两拨千斤。但是，直到读到这本书，我才算真正明白过来，曙师那一向的轻松、从容之背后，其实是一份笃实，是一颗坚固道心：将佛法变成活法，以平常心修大智慧，则无需用力也具力用。

如果你想在曙提法师的这一本书里找到玄学奥义，你也许会失望了，它浅白平实，完全可以你我共同的生命经验去一一体认；如果你想在这本书里找到精神导师，你恐怕还是会失望的，曙师的提醒，其实更像是一个人的自言自语，无主禅话，而坦诚而真挚的自省，或许才是对他人最温柔的提醒；但你若将此书视作心灵鸡汤，那你一定会错失很多，书中干货，绝对是曙师的过来人真实语。

曙师邀我写序，迟迟不敢动笔，深知自己没修又没羞，心虚。但是能够在修行路上得遇如此善知识，又珍惜得很，不敢得罪，所以颤抖写下以上句子，望曙师宽容纳受。

扎西拉姆·多多
2015 年 12 月 14 日 于端州

我的开场白

《曙师的365个提醒》源于我的微信名"曙师提醒",这主要得益于我的朋友圈里,一位仅仅一面之缘的微友的一句话。

我已经不记得,那天到底是风和日丽还是细雨飘飘了,反正,就是个下午啦!彼时刚有微信,大家都喜欢随时自拍各种情景,以证明自己的存在。而我,也十分乐于无事的时候刷刷朋友圈,顺便点个赞,或好为人师地评论一下。

说到好为人师,这件事情,恐怕要算是我长劫以来的串习了。比如前几天,偶遇二十多年前的小学同学,这哥们儿一见我,便握着我的手说:"咱们同学那么多,就你属于专业对口。"他见我疑惑不解的表情,赶紧补了一句:"你忘了,小时候早读课,你就从来没有正儿八经读过书,都是教我们念《金刚经》!"

哦……果然没错吧?从小一看,到老一半!

总算记起,那位微友名叫:马汐。这天,当我正刷朋友圈的时候,马汐也刚好正在晒他的自拍。我实在想不出来当时到底评论了人家什么,只记得

马汐同学立即秒回了一句:"曙师提醒的是!"

"曙师,and 提醒?"拜托,马汐同学,我其实真是无聊加手欠,你不要这样的一本正经好不好?

不过,这名字我倒很喜欢,因为这正好对应了先师赐给我的法名——曙提。以前被人问到这俩字的意义的时候,每次都需大费唇舌解释得吐沫横飞!这下好,四个字,一目了然,ok,就叫"曙师提醒"吧!

其实,我以前也用过一个看起来比较厉害的名字——"提师呓语",那会儿流行微博,我便用这个名儿,在新浪上混迹了一年多,其实就是每天写些东拼西凑的吐槽话,但居然就有人喜欢。比如:曾经就有位叫许亮的朋友,也帮忙集过一本小册子,不过那只是私下印刷,实在不能算是书。而文汇出版社的张衍先生,也正是迷于这样的表相,才有了和我约稿的缘起,促成了本书的正式出版。

所以,365个提醒里,有一部分,便是那时的文章,当然,主要部分,都是我每天搜肠刮肚,编写出来的一些段子。

不，严格说起来，这些文字，肤浅至极，段子都不算，更不要说什么"心灵鸡汤"了！

您根本无法想像，一个贫下中农转业的初中僧，既无真才又无实修，还要装模作样地提醒这提醒那，从年头到年尾，这得是怎样尴尬的一件事？

还好，"提醒"只是个中性词。

真的，我其实就想拼凑出来，每天发在朋友圈里，自我反省反省。不过，朋友们非要对号入座，我也没办法！如果可以，这恐怕也勉强算出版本书的另一个缘起。

既要出书，总得有两篇像样的序。于是我便想到了两个人：一位是僧中才俊、中国佛学院研究生导师——宗舜大法师。这位大师曾是我的佛学院老师，他既才华横溢，也很诙谐幽默。大师是我的长辈，向来关心我，且与我风格也比较搭。

另一位，便是著名的诗人：扎西拉姆·多多。其实她的诗比她的人更有名，比如，大家都熟悉的："你见，或者不见，我都在那里……"这首诗，一度被传为仓央嘉措的情诗，其实便是多多的大作。不过，这样温婉的女子，也

有在微博上晒自己抠鼻屎照片的时候。就冲这一点，这序，您是写定了！

　　这里还要特别介绍一下，本书中插图的作者：空一法师。这也是多多推荐给我的一位奇人，奇到什么程度呢？他的画的空灵出尘自不必说，法师初出家时，居然突发奇想，要把柏林寺的骨灰瓶，取下来当成豆腐乳瓶用。你们说他奇不奇？

　　这样多的奇人奇事，众缘和合到一起，就算是《曙师的365个提醒》得以成书的第三个缘起吧！

　　最后，还要感谢编辑设计本书的李鑫老师，以及为本书出版默默无闻地付出的所有朋友。

　　谢谢大家耐心地听完我这絮絮叨叨的开场白，希望有缘看到本书的读者朋友，都能欢喜自在！

乙未季冬
曙提以新入手华为M8，急就于净意丈室

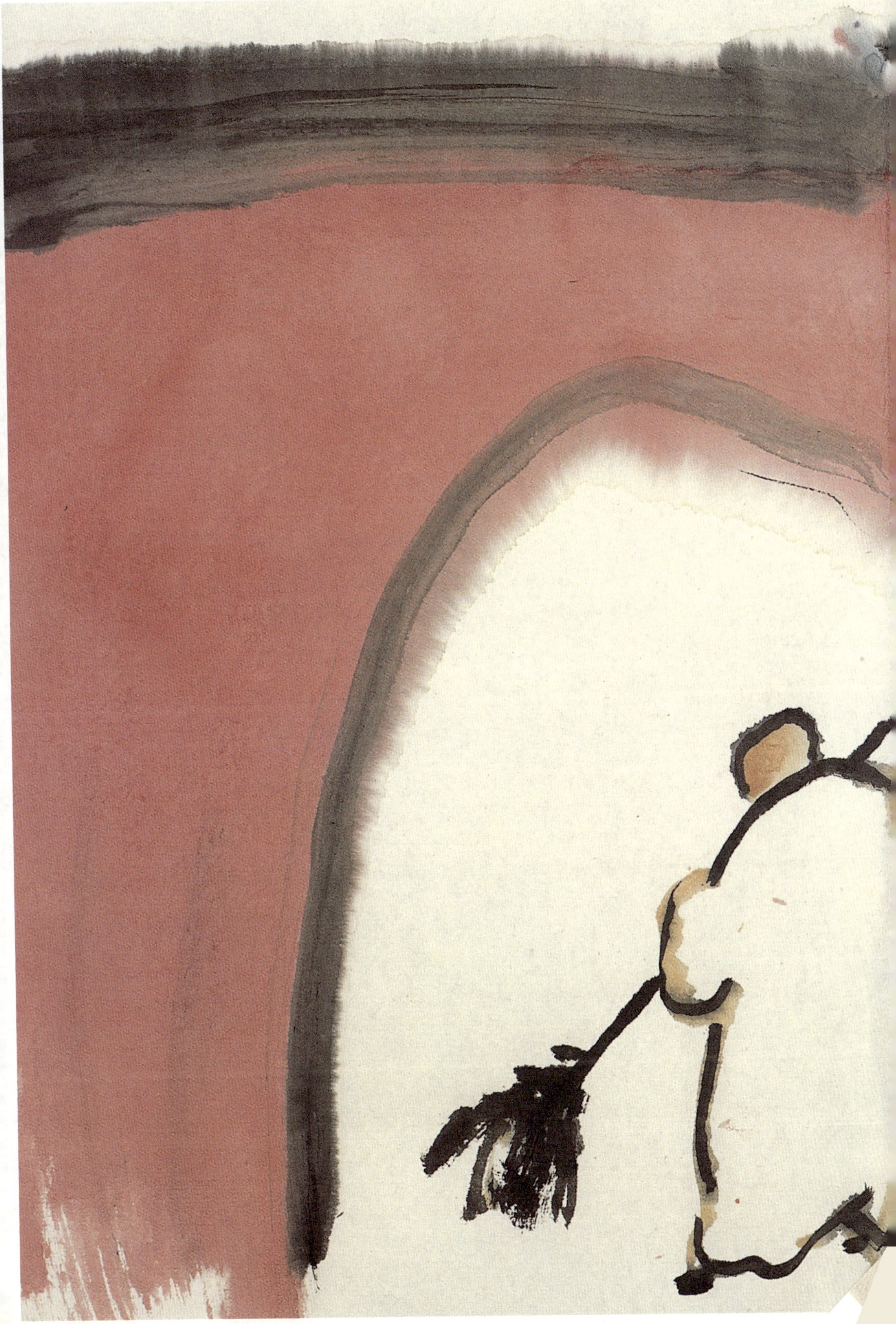

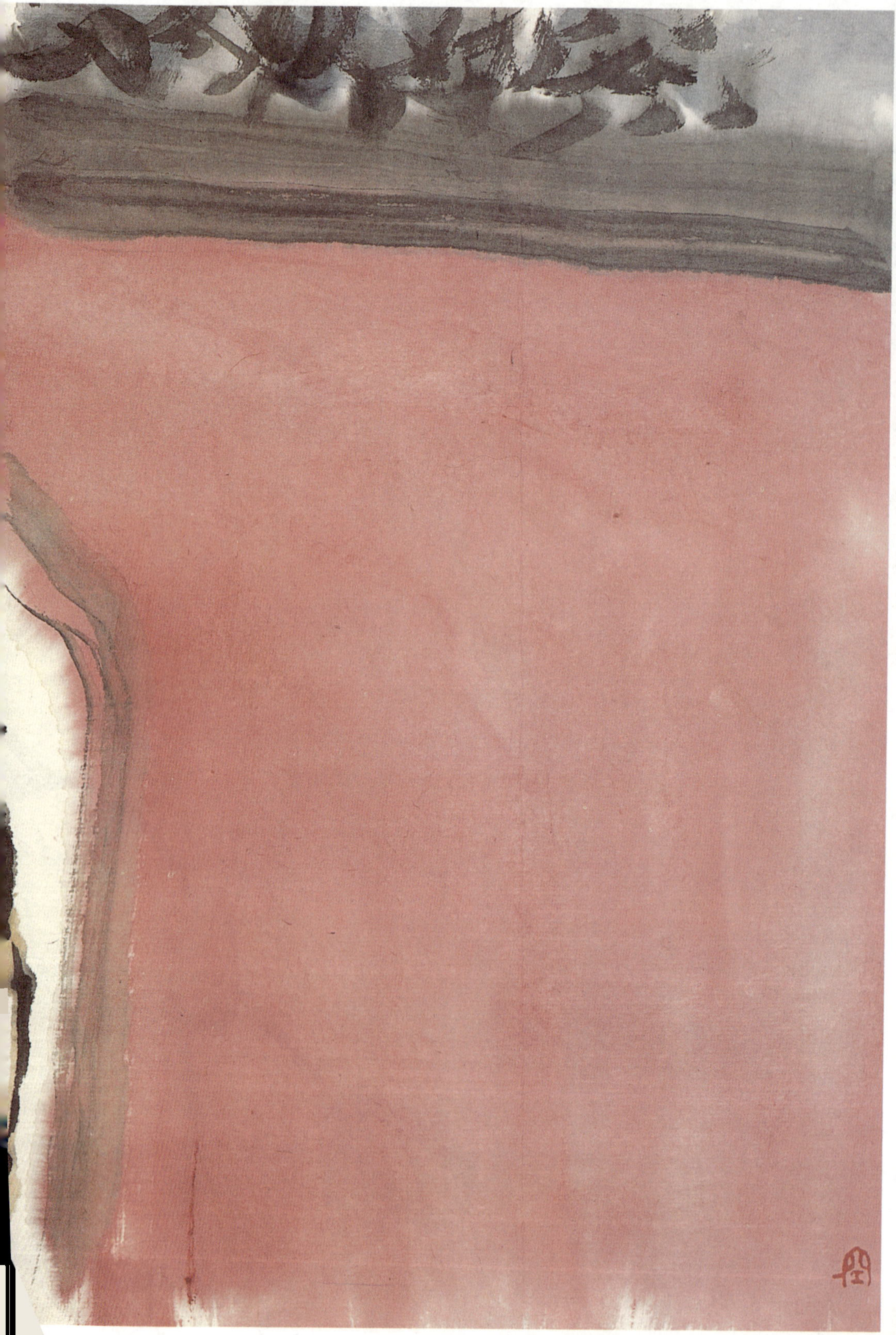

001

一只蝴蝶，轻轻扇一下翅膀，就可能引发一场巨大的雪崩。但这并不代表蝴蝶的力量有多大，只是因为大雪积山，已经处在濒临崩塌的边缘了。

曙师提醒：
有些长期压制自己情绪的人，看起来优雅端庄，
可一件微不足道的小事，就可能令他完全失控暴发。
因此既不可放任情绪，也不可压抑情绪，
而是要以智慧勘破，才是真正的无烦无恼。

鲜花盛开时，人们只念及她的芬芳可人，
却对孕育她的肥料及粪土充耳不闻。

曙师提醒：

人们向往"成功人士"的光环，痴迷在他们成功后的各种语录中，
并试图东施效颦般地复制他们的成功学。
却对他们背后的付出、成功路上的艰辛
乃至促进他们成长的"逆境"，视而不见。

003

《法华经》中：失散多年的父子相遇，父亲见到浪子，那份欣喜是毫无疑问的，可贸然的相认，换来的却是浪子的恐惧和逃避！因为，此时此刻：他眼前的黑，不是黑；你说的白，是什么白？

曙师提醒：
若真慈父，
必不会厌弃自己的儿子，
那么，父亲接下来，是怎样做的呢？
（详情请亲读《妙法莲华经·穷子喻》

樸庵

004

有一个人，一直住在一个很窄的箱子里，黑暗的世界，他不但没有觉得丝毫不适，反倒很快乐。有一天，有人好心救他出来，刺眼的日光，新鲜的空气，反倒让他十分不习惯，他甚至开始责备救他出来的人了！好心人觉得很委屈："我明明想给你一个更大更光明的世界，你不感谢我就算了，怎么反倒怪起我来了呢？"箱子里的人听后，嗤地一笑："你好无聊哦，我的名字叫蝙蝠，黑暗就是我的全部！"

曙师提醒：
我欲将心向明月，奈何明月照沟渠？
各位看客，
不知不觉中，有的成了箱子外的好心人，
他们认为箱子里的人，
太愚痴无福了！
有的人则认为箱里箱外不重要，
自己快乐就好。
说说看，这会儿您是谁？

005

树木生长于林野,无论怎样淋雨,都没关系;
可一旦经过加工,成了家具或地板,一经沾水便会腐烂变形。

曙师提醒:
我们的佛性本然清净,
无论是凡是圣,不增不减;
可一旦自生妄想,
执着人我分别,
一遇境界便入生死轮回。

006

狗子狂吠,
未必是想吓住别人,
往往是替自己壮胆!

曙师提醒:
总喜欢"严于律人"的人,
却常常"宽以待己"。

007

有一位高明的驯象师,与他的大象朝夕相处。有一天,他忽然发现,当他的大象喝醉酒发狂的时候,他除了静等它清醒,竟然找不出更好的办法。

曙师提醒:
有些人深陷我执时,
别人的劝慰、引导乃至呵斥,往往反而会助长他的狂性。
这时,给他时间,让他自醒,
或许才是最恰当的帮助。

008

初出家时，总坐那渡船。最初是老梢公全家轮流撑船，忙时小孙子也来搭手，到后来，只剩老梢公一人。问后才知道，撑船的钱，养不活全家，其他人都去上班了。有一次我问："老伯你这么大年纪，怎么不回去休息呢？撑船又累又没什么钱，半夜三更，人家敲门还得应！"老梢公笑了下答："这不大桥没修么，别人总用得着我啊！"后来回乡，大桥高竖，梢公和渡船，早已不见踪影。

曙师提醒：
　　恋慕欲乐的人，留在了此岸；追求解脱的人，到达了彼岸；菩萨就如老梢公一样，是这茫茫苦海中，往来无倦的"渡人舟"。

009

一块田地，如果长满杂草，秋天来时，一片荒芜；
虽有稻禾，却杂草丛生，收成恐怕也是有限的；
只有不断除草，善护苗稼，最终才能获得大丰收。

曙师提醒：
心田犹如世田，
清净的种子固然会结出解脱的果实，
然而妄想之草，却尤其地顽强。
善护己心，不过就是一个息妄归真的过程罢了。

釋迦如來轉妙法輪

如來天聖悉為佛寶
四諦輪是為法寶
五阿羅漢是為僧寶
僧寶諸天人第一福田
乙未大吉大學日樸庵補唐佛而成也

010

今日八月初三,
禅宗六祖慧能大师圆寂纪念日。
六祖时代,有位卧轮禅师说:
"卧轮有伎俩,能断百思想。
对境心不起,菩提天天长。"
六祖则提出:
"慧能没伎俩,不断百思想。
对境心数起,菩提作么长!"

曙师提醒：
诸禅皆以"念静看妄"为对治烦恼的方法，
所以避尘而居，对境不动；
禅宗则主张"于念无念"，
只要在念头上不粘著，即使身处闹市，境界任其来去，又有何妨呢？
这恰恰代表了佛教禅宗与其余禅法的区别。
因此：烦恼元来如幻，菩提本无增减，
过分的制念，反倒成了"头上安头"了！
让我们一起至心称念：
南無禅宗六祖慧能大师菩萨摩诃萨

011

初出家时，为应酬佛事，常常夜行回寺。有一次，打着手电，正走间，忽然脚下一绊，噗地摔了个嘴啃地！同行师兄边笑边来扶我。狼狈地爬起来后，我嘟囔道："这不还有手电么，怎么就没看到？"师兄答道："手电就这样，照远不照近！"

曙师提醒：
其实，平时的我，便如这手电一般，
不知道自检细行，却总喜欢盯着别人的过错；
不知道善护己心，
却妄求什么开悟成佛。

012

去岁 21 天法华营中,有一日讲梦中意识。有一营员来找我:"师,你说的梦中还是自己妄识作主,这事我深有体会。我平时素爱鸡腿,到这里 10 多天没沾肉,昨夜不觉又梦鸡腿,正拟大嚼,忽闻一阵恶臭,一看这鸡腿早已过期,食之不能,弃之可惜,正悻悻间,被推醒。原来我手里正牢牢抓着上铺师兄的臭脚呢!"

曙师提醒:
汝在梦中倒好自在,
却不知,正苦了上铺这位师兄的脚呢!

013

龙树菩萨曾造《中观论》，有偈曰：
"因缘所生法，我说即是空，亦为是假名，亦是中道义。" 由此开出大乘佛教不离世间、解脱生死，不离烦恼、成就菩提的菩萨道精神。

曙师提醒：
世间万法无非因缘和合而生，并不真实，其性本空。
安立种种假名也只是为了便于识别他们。
然而，本性之空能生万法，万法各别其性本空，
这二者不仅互不妨碍，且是一体两面的相即关系，
这便是中道实相义。

014

昨日一画,干时湿时,两重意味。朋友们照顾山僧面子,有的说:"已经很好了。"有的说:"不如换纸换墨试试?"其实说白了,就是水、墨、笔三法未能运用自如罢了!平常不肯好好下工夫,临阵下笔,怎不举止失措?

曙师提醒:
修行何尝不是如此,
仅仅靠一点似是而非的聪明,
或偶尔休闲式的寺院体验,
就幻想在各种环境下都用心自如,
怎么可能呢?

015

少时曾骑自行车,每逢雨天,从泥地过时,
车轱辘中便积满厚厚的烂泥,且越来越多,举步维艰,
彼时叫苦不迭,深知轻松行车的不易。

曙师提醒:
带着执着之心做事,
就如拖泥带水般的行车,不但负担越来越重,
且难以顺利轻松达成目的。

016

一个盆子，如果不停地往里面装东西，怎么装，都是有限的；
如果装满即倒，倒空再装，
那同样的盆子，作用却是无限的。

曙师提醒：
佛法也是如此，忍辱并不是被迫的忍耐压抑，
而是"物来不拒、物去不留"般自在的慈悲包容，
说白了：心大了，事就小；心空了，万事通！

017

孔雀开屏的时候,她会尽力展现出最华丽的美,
可当她转身的时候,看起来很丑的屁股却依然暴露无遗。

曙师提醒:
人们总喜欢按照自己的要求去定义所谓的美,
因为有了美丑的对立,就渐渐遗忘了原本的真实存在。
其实,"尘任莫扫风自在,门但无锁月常来",
真实本身,即是完美。

018

"五浊恶世"其中一浊，便是"见浊"。
"见浊"者，能够让人平和、清醒、理智，
乃至从烦恼中解脱的观点逐渐隐没，
反倒是情绪化、偏激化，
甚至哗众取宠的各种奇谈怪论大受欢迎。

曙师提醒：
其实，心浊了，见才会浊，
我们不妨都问问自己：
今天，我的"见"，浊了么？

019

清晨，一位老大爷正在地上用清水练字，有位年轻人路过，便好奇地凑上前去观看，大爷看了他一眼，随手写下了一个"滚"字，青年一见，马上开始嘀咕："不就是看你写字么？犯得着让我滚么？"心里虽然这样想，但还是后退了两步。谁知大爷看了他一眼后，又写了一个"滚"字，年轻人再也忍不住了，一脚踹翻了大爷的水桶……后来，警察来到现场，大爷委屈地说："我正要写'滚滚长江东逝水'呢，谁知来个神经病！"

曙师提醒：
这虽是一则笑话，
但我们不妨问问自己：
"生活中，有多少误解，
不是源于我们自以为是的臆测呢？"

020

煮过豌豆的人，应当知道：
完全的生豆很脆，熟透的豆子很软，
只有半生不熟的豌豆，才会坚硬无比。

曙师提醒：
完全无知的人会谨慎小心，真正的智者会谦虚低调，
而一知半解的人，却往往喜欢到处卖弄，且固执己见，刚强不化！
我有段时间就是这样，年纪轻轻，却装模作样地留起了胡子，这就是典型的一知半解、自以为是。

止observer白云

021

昨夜云山压顶,风急雨骤。今朝天朗气清,凉风习习。看似世事变幻无常,实则虚空从未增减。东坡先生虽是世才,但也困顿一生,后来他终于把这件事想明白了,所以词曰:"回首向来萧瑟处,归去,也无风雨也无晴!"

曙师提醒:
很多事情,你当时以为天要塌下来了,
可过了之后,
回头一看,原来那都不是事啊!
可既然不是事,
为什么一定要回过头来,才看得明白呢?

022

《法华经》中，佛为了令我们觉悟，常常"以种种法门，宣示于佛道"。

曙师提醒：

这世间，每天不断上演着各种各样的光怪陆离，有人见了，会当作成就中的考验、觉路上的资粮；有人见了，却成为了烦恼的源头、茶饭后的笑谈……

023

驾车的人，车开得快或者慢，都不算本事，安全才是根本。

曙师提醒：
调心也如是，
环境上的动和静，
并不是最重要的，
令心安稳，如如不动，
才是根本。

024

一台电脑，如果不定期清理内存，
信息越多，速度也会变得越来越慢。

曙师提醒：
我们的心也一样，
如果不经常放慢脚步净化自己，
琐事越多，
烦恼也会变得越来越多。

025

卡尔达诺是意大利文艺复兴时代百科全书式的学者，
也是当时著名的占星家。
有一天，他通过占卜，
推算出自己的死期应该是 1576 年 9 月 21 日。
到了那天，很多人翘首以盼，
可他发现，自己结实得像头牛，完全没有要死的迹象，
为了保全"大占星家"的名声，
他最终选择了自杀。

曙师提醒：

人的根性里，都有掩盖错误和逃避责任的弱点，基于此，才有了佛教僧团"半月布萨"的规定。通过"布萨"，僧团对照戒律，逐条开展批评与自我批评，这是保持僧团内部自我净化的优良传统，也是"僧事僧了"的基本原则。如果这一点不能很好继承，不但无法保证僧团质量，随着自媒体时代的到来，高高在上和遮遮掩掩只能换来更多的质疑和批评。

当僧事不能僧了，则必然会"僧事俗了"，到那时，恐怕等来的未必是"佛教改革的催化剂"，而是"洪桐县里无好人"吧！

026

昨日高温，正法会间，禅小胖为我撑伞，路人看到后说："现在的方丈真懒！居然要小和尚给他撑伞！"禅小胖只好将伞撑到自己头上，有人又说："小和尚真不懂事，只顾自己打伞，师父怎么教的？"我听后，忙抢过伞，为禅小胖打伞，忽然传来一个声音说："这小和尚一定有来头，居然方丈亲自为他打伞！"我当时想："算了，还是俺自个儿用吧！"于是自己便给自己撑伞。没想到有人又说："只知道自己打伞，果然是个自私自利的和尚！"我实感无奈，便收了伞，心想："谁都不用总行了吧？"这时有人轻咳一声，幽幽地说："有伞都不会用，真是傻和尚！"我一想也是，干脆便和禅小胖共撑一伞，谁知有人窃窃私语道："看！两大男人钻一把伞，还是俩和尚！"于是，今儿一早就和禅小胖等一起开会："新时代的和尚，应该如何撑伞？"正苦苦研究间，有人曰："不过一把伞，值得这样麻烦，看来和尚的修行，也不过如此啊！"

曙师提醒：

这个时代的和尚，恐怕是2500年以来最难当的。首先你千万不可以胖，因为人们会质问："吃素怎会如此肥头大耳？"其次你绝不可使用手机、汽车等任何现代化工具，因为小说里的和尚走路基本靠腿，交流基本靠写；再者，干净整洁的黄海青是决计不能穿的，那可是皇帝气派啊！换上深灰色的就比较搭了，要是有条件剪破了缝些补丁更靠谱！和尚卷入是非，人们不管真假，一定会当真，否则无风怎会起浪？若试图解释，人们会说："这和尚还是修得不够啊，风幡没动，心先动了，解释就是掩饰"；若一笑了之，人们会说："看来是真的，不然默认干吗？"若诉诸法律，人们会说："看，不信佛法信国法了！果然是政治和尚。"若水落石出，人们会一哄而散，至于他们说过什么，这与你无关，他们不会负责的，你更不可计较，谁让你是：新时代的和尚！

027

佛说:"若人生百岁,不解生灭法,不如生一日,而能解了之。"

曙师提醒:
许多人喜欢寻找所谓的"知己",
可事实上,我们的心念刹那生灭,
今天的你回望昨天的你,常常连自己都觉得可笑,
自己都还没弄明白自己,
又何必奢求别人的理解呢?
所以,百岁人生,孤独一梦罢了!

028

僧璨大师说："眼若不寐，诸梦自除"；
庄子也说："至人无梦"。

曙师提醒：
这并非代表圣人们睁着眼睛睡觉，或者圣人就不做梦了，
而是说圣人们内心光明，再无颠倒梦想。
我们是白天浑浑噩噩，夜来倒倒颠颠，
而"梦醒一如"的世界里，
他既从未睡去，便无所谓醒来了！

029

把价值连城的碗当作普通的碗,用来喂猫的故事,
很多人想必都听说过,这叫"家有珍宝、而不自知"。

曙师提醒:
其实我们人人自身都有一个大宝藏,
就是我们"与佛无二"的清净心,
我们不知道他的无穷妙用,
反而每日用他来制造种种烦恼,
伤害别人的同时,也在伤害自己。

030

一个刚刚烧制好的碗，本身并无定义，
之所以叫作"饭碗"或"水盂"，完全取决于你用它来装什么。

曙师提醒：
本来都是一样平等清净，之所以我们叫作凡夫，
他却唤作佛，
只是因为我们的内心，
装满了种种欲望妄想和执著罢了，
所以说：心、佛、众生，三无差别。

031

有时候，一个梦感觉似乎很长，
好不容易醒来，才发现不过才睡了五分钟；
有时候，一个梦似乎感觉很短，转瞬即逝，
你还没来得及记住，就已经醒来，
才发现，漫漫长夜就这样过去了。

曙师提醒：
人生如梦，
所谓的时间，
不过是你自己的感觉罢了。

无上清凉

032

太阳,并不需要告诉别人"我有多么阳光",
能够普照大地就已是最好的证明;
智者,并不需要告诉别人"我有多么智慧",
是否自在人生就已是最好的说明。

曙师提醒:
正因为自己缺少智慧,
才要每天不断地写东西提醒自己,
这就是我这个段子手的苦逼人生。

033

有一天,已是夜半,几个小青年仍在肆无忌惮地说笑,同住的大部分人都被吵醒,大家便纷纷劝告,其中一个小青年回了句:"我们说笑是我们的自由,你们一吵就醒,这是失眠病,得治!"矛盾就此升级!

曙师提醒:

佛窟禅师曾说"虽非凡夫、不坏凡夫法",有些人喜欢把忍耐顺从当懦弱,以放纵无束为自由。而内心的真正自在,绝非建立在别人的痛苦之上。

034

一个人生了病,不去改变自己的不良习惯,
却总幻想有什么绝世名医,或有什么灵丹妙药,
结果吃成药罐子,也没见病好。

曙师提醒:
烦恼病也如此,不去修正自己身口意,
放下自己的贪嗔痴,却妄想有什么捷径诀窍,
结果却越修越迷茫、越修越执著。
其实哪有什么"开悟"呢?不迷就是悟啊。

孔子说："二三子，以我为隐乎？吾无隐乎尔。"有一次，黄庭坚请教晦堂禅师参禅的诀窍，晦堂便拿这话答他，黄庭坚想了半天也没想明白，郁闷不已。后来有一天，两人一起散步，山中桂花盛开，黄庭坚正陶醉间，晦堂忽问："闻到桂花香了么？"黄庭坚说："闻到了。"晦堂说："吾无隐乎尔！"黄庭坚言下大悟！

曙师提醒：

好山好水从未隐瞒过什么，可为何在有的人眼里，却成了穷山恶水？好吧，月来满地水，云起一天山！

036

今日六月初三,韦陀菩萨圣诞。韦陀菩萨过去因地曾经发愿:只要出家人真正用心办道,他便前往护持,等到大家都成佛了,他才圆满佛果。所以,菩萨既是佛教的大护法、又是贤劫最末一尊佛——"楼至佛"!

曙师提醒:
由此可见,护持别人的同时,一样也在成就自己!
让我们一起感念韦陀菩萨护法功德,
学习韦陀菩萨甘当护法、成就别人的精神!
南無护法韦陀尊天菩萨。

037

《法华经》中有"一雨普润，三根泽被"
的譬喻，雨是平等无分别的，
但树木花草，会根据自己不同情况而得到滋润。

曙师提醒：
上上根人，一闻即悟，不会犹疑，
他知道，佛性无二、你就是佛；
中根之人，闻已生信，解行相应，你能成佛；
便是下根之人，世事沧桑、人生无依，不必害怕，你还有佛！

038

有人以为：佛教么，
有烦恼时去清静一下、没事做时去接触一下、偶尔也可以去体验一下，
不必太过深入，太过深入反而影响生活。
殊不知佛法中的智慧和慈悲，
正可以让我们以一种更自在积极的方式生活！

曙师提醒：
一个人得了皮肤病，经常发痒，痒了就去抓一下；
或者一次治好，永不发痒，不必再抓，您选哪一个？

039

《金刚经》云:"不应住色生心。"

曙师提醒:

譬如屎尿,种田时是难得的好肥料,
但吃饭时谈及,便成了令人作呕的秽物,
可见万事万物其实本来无性,
所谓好坏,都不过是因缘和合下,
"我"对他的虚妄定义罢了!更何况由此好恶,
继而生起爱憎取舍之心呢?

040

佛在《涅槃经》中譬喻说："婴儿啼哭的时候，父母往往会用木牛、木马等各种玩具哄逗孩子，孩子见了，以为是真的牛马，便止不啼。这是因为婴儿尚小，并不能真正骑马，所以木马终究只是木马。

曙师提醒：
远离城市的喧嚣而得到的清静快乐，便是这木马。
因为大多数人内心的状态如同婴儿，
还不能真正做到动静一如、心无增减。

041

"见闻如幻翳，三界若空华"，语出《楞严经》。

曙师提醒：

近视人看世间，眼花缭乱；
色盲的眼中，见不到五彩；
如果戴上墨镜，则万物顿销黯然。
因此：你的角度创造你的人生、你的眼界决定你的世界！

042

有位朋友，不小心割伤了手指。从此以后，他逢人便将包扎好的伤口打开给别人看，告诉别人他有多么痛苦。刚开始朋友们会耐心倾听，到后面大家便逐渐厌烦。更重要的是，包扎好的伤口，因为不断被打开，反而越来越严重了！

曙师提醒：
生活充满无常，
但这并不意味着我们要哀怨人生，消极地活在过去；
而是坦然承当，更积极地面对未来！

043

《妙法莲华经》云：
"以因缘故，从颠倒生。"
菩萨为度众生，随顺因缘，大作梦中佛事；
凡夫从贪嗔痴，流转生死，由是颠倒梦想。

曙师提醒：
想知道你自己怎么来的么？
其实没谁比你自己更清楚了！

044

从小不知护齿，因致去年掉牙。
自从装了几颗假牙后，终于明白，
同样是牙，装的和真的，确确实实不一样！

曙师提醒：
我们的修行也如此，真实的受用与表面的妆饰，
所焕发出的内在力量，完全不一样。
这件事，纯是："自家吃饭自家饱，须得念念返自心！"

南無靈山會上佛菩薩摩訶薩

禪心不傳識
拈花無語偈
迦葉微笑誰
師陀一句靜聞
時景明安空
也和子遠
春柔教

045

有个总想进山寻访高人的，某天雨后，正在山中迷路，忽见对面一峰，隐隐透出一股白烟，直上云霄。他心中暗喜，自谓："云霞起处，必有高人！"于是直奔着那道烟去了。好不容易挨到近前，见一白衣老者正端坐石凳上，清风徐来，衣袂翩翩，果然好一位上仙！这人马上上前扑通一声，拜倒在地，口说："我总算找着高人了！"只见白衣老者冷不防吃他一拜，直直从石凳上摔下，爬起来骂道："啊呀妈丫，我搁这儿正等饭熟呢！哪里钻出来个野汉！"这人见了，极其失望，转头便下了山。后来某天，他在山下的村子里，听到了一个传说："山上有位白衣服的老神仙，常常扮作普通老头儿，考验着那些来来往往的求道人。"

曙师提醒：
大道平实，平实大道。

046

子在川上曰：
"逝者如斯夫，不舍昼夜！"

曙师提醒：
生命的流逝，便如川流之不息。
无谓的感叹并不能留住似水年华；
川流正因为不息，才滋润了无数的生命！
用有限的生命传递无限的力量，
或者才是子曰的真义？

047

同样是水,淡水饮之能解渴,
海水饮之反益渴。

曙师提醒:
这便是经典与鸡汤的区别。
经典教人熄灭烦恼,回归平静;
鸡汤短期让人亢奋,实则越学越迷。
不过,像我这样每天写段子的,连鸡汤也算不上,
充其量,也只是碗"萝卜汤"吧!

048

有人生起柴火,准备烧水解渴,
但又怕开水烫,急切喝不得,于是不等水沸,
只在温时,便取来饮用,结果半生不熟,上吐下泻!

曙师提醒:
我们都想修行佛法,
但又嫌经典玄妙艰涩,难以深入,
便到处找各种易懂的注解,听各种媚俗之鸡汤,
结果反倒似是而非、更加一知半解!

049

有人口渴，想要煮一锅开水喝，烧了五分钟，他发现什么动静也没有，便灭了柴火，先去忙别的事情去了；忙了一阵，他忽然发现，自己还口渴着呢！便又架起柴火，准备接着煮水，煮着煮着，他忽然忆起一件急事，便又灭了柴火，出门办事去了。如此三番，一天下来，他觉得口渴难耐，疲惫至极，却连一锅开水也没烧成。

曙师提醒：

生活中的我们，烦恼来时就想要解脱，开始修行却急于求成，有了方法又缺乏恒心。

可谓：生活没活好，修行没修成，一辈子到了，依旧烦恼人。

050

有一个美男子,面孔被人射了一箭,大家七手八脚把他送到医院,准备为他拔箭疗伤。可美男子却坚决不肯,他说:"你们除去外面的箭杆就可以了,千万不要留下伤疤哦!至于箭头么,它在里面,又不会影响美貌!"

曙师提醒:
献给"只是为了向人展示自己是个修行者,
却不向自己烦恼根源做工夫"的我们,
与大家共勉!

051

某日，一君来山，问禅小胖："小和尚，可知《金刚经》中有多少个须菩提么？"禅小胖微微一笑，递上一张纸条曰："请你用普通话，快速把这句话念顺溜了，我再告诉你答案。"那人定睛一看，只见那纸条上，分明写着九个大字：红鲤鱼与绿鲤鱼与驴。那人问："红鲤鱼与绿鲤鱼与驴，与《金刚经》有什么关系啊？"禅小胖反问："是不是每个能说话的人，都一定要说好绕口令呢？"那人忙答："当然不是，只有相声演员才必须滴。"禅小胖双手一摊："那不就得了，你又不是数学家，为什么那么纠结于《金刚经》中有几个须菩提呢？"

曙师提醒：

我家侍者禅小胖，念得好一部《金刚经》！

052

水的本来面目清澈澄明，只有充满杂物、波澜起伏时，
才会变得污浊不堪。
只要风平浪静，杂物沉淀，水面又会还复清明。

曙师提醒：
心也如是，本来清净无染，
可一旦妄念纷飞、情绪起伏了，
心就会变得浮燥不安。
只要平心静气、妄想自息，
心便也会还复清净。

053

水煮得越开,声音反而越小。

曙师提醒:

越是智者,
反而越是谦卑慎言。
禅小胖听到这话,
问道:
"师父,您这每天提醒这提醒那的,
不知道是属于烧到几分开的水呢?"

054

经历过太多热点事件，其共同点往往是：
热点出现，集体无意识跟风；
开始有不同声音，但很快被淹没；
不同观点形成不同阵营，相互攻讦谩骂；
昨日之事东流水，今朝依旧笑春风。

曙师提醒：
山僧唯愿："个个人心平和，世间永无伤害！"

055

永嘉大师曰：
"心径未通，睹物成壅。
而欲避喧求静者，尽世未有其方。"

曙师提醒：
一个人如果自己内心尚未通透，看什么便都会不顺眼。这种情况下，若远离都市的喧闹，去避求所谓的"清静"，恐怕遍世间，也找不到他满意的地方了！

056

无论别人扔的是肉包还是石块，
狗都会马上跑出去追，
不仅很累，有时还会上当受骗；
狮子就不同了，他才不管你手中准备的是什么呢，
直接把人扑倒，一次解决问题。

曙师提醒：
痴狗如我，终日追名逐利，身心俱疲；
智者如"狮"，念念反照自心，一劳永逸。

057

"自从有了手机后,大家都变成低头族了。"
这话一说,好像手机真成了罪魁祸首了!
整天被手机控,固然不行,
但如果扔了手机就没了烦恼,那原始社会岂不个个都是圣人了?

曙师提醒:
有事时就拿起来用,
没事时别整天失魂落魄地刷屏,
很难么?

058

有位大富长者,生了两个儿子,大儿子聪明能干,二儿子老实忠厚。晚年的长者,给两兄弟设了道极难的考题,准备谁赢了,就将家产交给谁。老大想尽办法,终于解决了难题;老二看到题那么麻烦,想想反正大哥也会解决,便干脆睡觉去了。长者看到结果,长叹了一口气:"老大这么聪明,往后一定能自己单独创出一番事业!老二这样老实,没点家底,恐怕将来真会饿死啊!"于是,老实的二儿子,便成为了长者的继承人;而聪明的老大,一个人流浪在街头,开始了他的艰苦创业之路。

曙师提醒:
有时候,会哭的宝宝,反倒有糖吃。

059

某国王 16 岁的外甥，在游乐场想要插队，但却被工作人员果断制止了，王甥怒曰："我可是尊贵的王室成员啊！"工作人员反噬道："是啊，正因为这里是普通人的队伍，所以才不适合您这样的贵人啊！"

曙师提醒：
王室贵族肯去排队，还是不错的吧？
如果能认识到"王室成员"只是一个暂时的角色，
进一步放下内心的自我尊贵感，
那就更好了，哈哈。

060

佛性就好比父母,六根就如同六个子女。儿女走得再远,父母的心都会紧紧相随,可忙于自己生活的儿女们,却常常忘记父母。眼耳六根,一遇色声六尘境界,便乐不思蜀。却不知佛性父母,时刻常随六根出入,在眼谓之"见性",在耳谓之"闻性"。

曙师提醒:
咄哉仁者!
父母生我之后唤作"我",
父母未生我之前呢?

061

初出家时,看一师兄自己剃头,便觉得实在太容易。等到自己拿起刀片,手忙脚乱不说,还一刮一道血口,常常以为已经剃光了,却往往还留下几撮毛。

曙师提醒:
看别人做事都很容易,
自己上阵往往无用!

062

三界者，欲界、色界和无色界。
欲界以追求欲乐为满足；
色界虽然不再执着欲乐，
但对色身、现象、幻相还有追求，产生无比之喜乐；
无色界远离了欲望、也不执着色法，
但却沉浸和陶醉在自我的思想中，
以为这种空虚寂静便是解脱，
实际上仅仅是烦恼的暂时隔离。
灭除对以上三种的执著，便是"出三界"。

曙师提醒：

出三界，其实有三种途径：
一是死后；二是禅定；三是现实生活中。
就现实生活而言，
出欲界，
即：不要沉迷于物欲；
出色界，
即：不要过于在乎环境、表相，别成为化妆品和美图秀秀的奴隶；
出无色界，
不要回避生活，陶醉于自己的念想。
不要想"静静"，你会成为"静静"的奴隶……

063

经云:"色性空故,非色灭空"。
空不是否认万物的存在,而是了知万物本性的不真实。

曙师提醒:
"不执著",也绝不意味着什么都不做,
而是在奉献自己、服务大众的同时,
内心了无挂碍,
缘来则应而不拒,缘去即随而不攀。

止於觀化

064

天台智者大师在《法华玄义》中譬喻道:
"如医疗病,不为病污。"
好的医生,
每天给不同的人治各种病,却不会为疾病传染。

曙师提醒:
菩萨也如此,
虽身处世俗,种种善巧方便度众,
却不会自生烦恼,退失道心。

065

"文殊师利,胜妙吉祥。七佛之师,妙应无方。"
今日恭逢文殊菩萨圣诞,敬请称念"南无大智文殊师利菩萨"
或"南无妙吉祥菩萨"圣号,大开智慧、永断烦恼。

曙师提醒:

礼拜文殊、考学增智的盆友们,也要注意了:
菩萨保佑,还得自己奋斗。
不然,答题时全答"南无文殊菩萨"试试,
看看老师给不给分!

066

走路的人,
如果方向不明确,
所有的努力都将徒劳无功。

曙师提醒:
通往觉悟的解脱路上,
佛曾为我们准备了八条正道,
而八正道中,正见第一。
正见,亦即正确的方向!

067

"语文"二字,原是两个不同的体系,语是说话,口头语,用作交流;文是文字,书面语,用作记录。即使是古人,路上见面,相互问声:"吃了么?"也是正常的,但记录到纸上,便成了"饭否?"所以,孔乙己一边吃茴香豆一边吟"笑人齿缺曰",便会被看作怪异。

曙师提醒:

我们修行也是如此,禅堂中重视的是规矩的约束、密集的用功;生活中侧重的却是慈悲的运用、智慧的落实。如果不知道活学活用,那也难免被人视为怪异、甚至佛里佛气。

068

楼子和尚正街上行走,
急然边上酒楼,飘来一句小曲儿:
"你若无心,我便休!"楼子豁然大悟!

曙师提醒:
过去稻田中常常竖着的稻草人,
既不会骂人,又不会打人,
可偏偏就能吓住鸟雀,这是为何呢?
因为:有心的人儿啊,折腾不休!

069

"尸罗不清净,三昧不现前"。
有的人,特别聪明,可是常常心术不正,
所以这样的人,智商越高,危害越大。

曙师提醒:
世间聪明尚且如此,何况出世智慧呢?
如果不注重尸罗(戒律)的引导和约束,
而只一味追求禅定、智慧,甚至所谓神通,
不但不能引发真实的定慧,反而会获得越多,烦恼越多。

070

赵括先生幼承家学，熟读兵书，可谓饱学之士；
乃至临阵应敌，却百无一用，终成纸上谈兵。

曙师提醒：
反观自己，常将知识误作佛法，巧言令色以为辩才，
真是境界现前时，却丝毫不得自在，
如此梦想颠倒廿年，
只是个画虎不成反类犬。

071

又到母亲节，一早便有很多人，
在微信微博中："祝母亲节日快乐！"，
有的人便说："你在网上这么孝顺，你妈知道么？"

曙师提醒：

当然，现实生活中的孝顺，远比网络上的孝道展示，要真实可靠。
但"存在总是有意义的"，如我之类的很多人，
也许现实生活中并不能恪尽孝道，
所以也要感谢万能的朋友圈，至少让我还记得，有个母亲节，
即使，我也只是一个网上的孝子贤孙。

072

有一次,送戏下乡的演员们野外宿营。
半夜时分,值夜的演员觉得很冷,便披上戏服,向火而坐。
正此时,有位半睡半醒间的,睡眼惺忪中忽见穿着戏服的同伴,
不及细看,以为是鬼,惊得忙爬起来边叫边逃。
正在睡梦中的其他人不明所以,也大呼小叫地边叫边逃!
而穿着戏服的那位,其实也不知道发生了什么,
他正跟着旁人一起,边叫边逃呢!

曙师提醒：
故事虽出自《百喻经》，
但现实生活中，我们不就是这群可怜的人么？
每天只要睁开眼睛，
就会被各种扑面而来的信息左右和引导。
本应带给我们每个人反思的热点事件，
往往会演变成一幕幕闹剧，
且全民参与，全民看；
全民炒作，全民high。

073

又到夏季禅修营，营员们不远万里，来到了同觉寺。其中一位营员的亲友，得知她要来寺院修行，忙问："你哪里想不开了，要到寺院去啊？"她则淡然回答："不，正是因为我已经想开了，我才会去！"

曙师提醒：
同觉禅，行禅以步，一步一禅。
同觉禅未必在同觉寺中，亦未必在同觉寺外。
同觉禅可以是一袭袈裟，坚守亿万劫的承诺；
也可以是半瓯云水，尽饮三千界之微尘！
同觉禅在哪里？想开了的人，处处有禅处处觉……

074

2500年前,佛在《楞严经》中告诉阿难:
"祇陀林的风景是多么的优美啊!
每天清晨太阳升起,你就知道虚空亮了;
黄昏太阳落下,你就认为虚空黑了。
其实虚空本身,哪有什么明和暗呢?"

曙师提醒:
我们每天的心念也如此,
如我意的便认为是好事;不满意的便以为是坏事。
其实事情本身,哪有什么好和坏呢?

075

夜来沉睡正酣，禅小胖忽然急速推门进房，一边摇我一边喊："师父快起，师父快起，下冰雹了！"我吃他一吓，马上腾身跃起，问："门窗都关好了么？"禅小胖答："早就关好了！"我又问："那你喊我起来做甚？"他得意地伸出手，说："没什么，我就是告诉你一声，顺便让你帮我看看，这几块雹，是冰种还是糯种？"

曙师提醒：

禅小胖，你这哪是冰种、糯种，
你是在点我的"火种"啊！

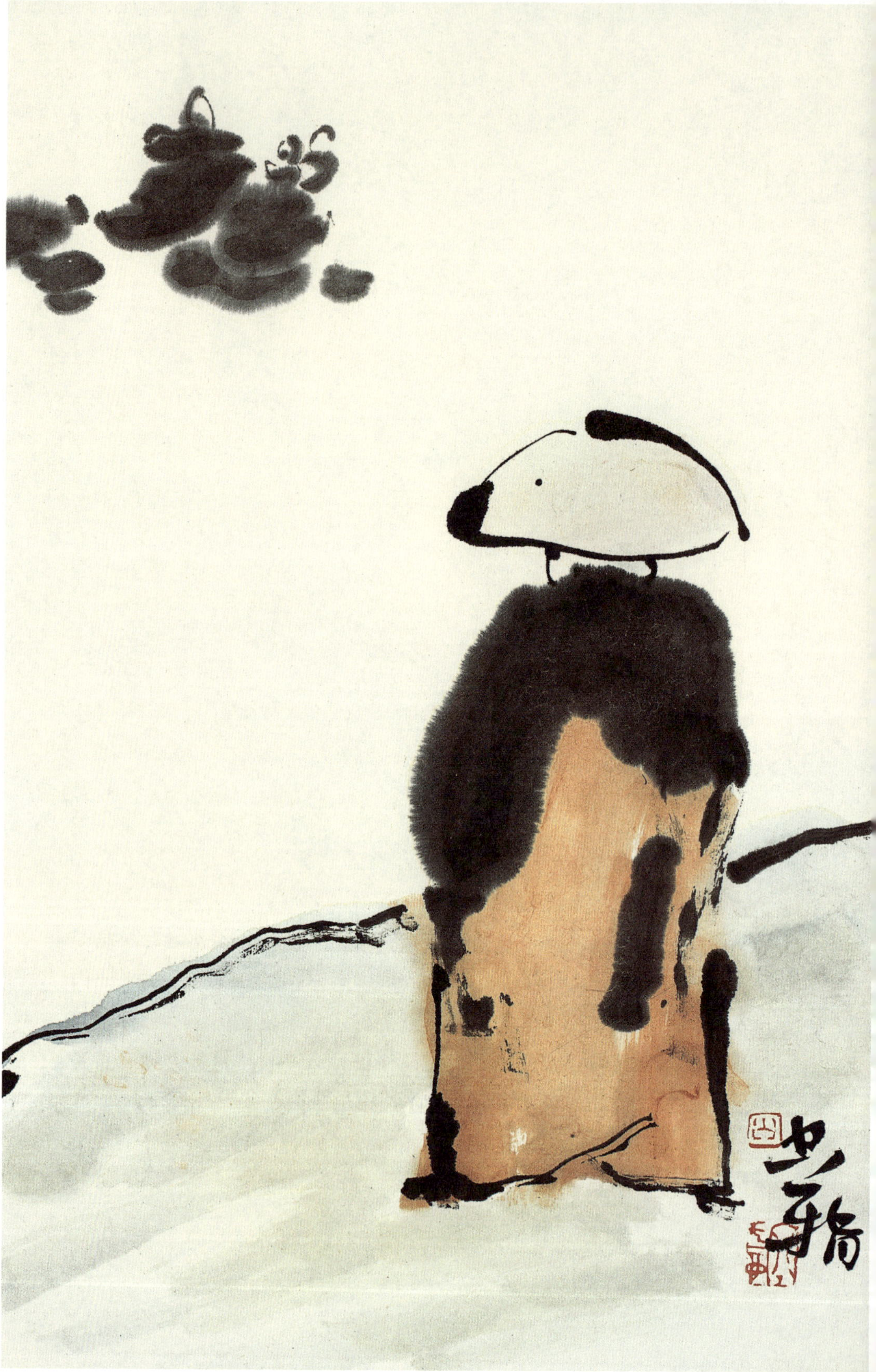

076

"橘生淮南而为橘、生于淮北则为枳。"

曙师提醒：
万事万物，都有其时节因缘。
佛法那么好，
可如果在不恰当的场合，不成熟的时机，
面对不相应的听众，
又缺乏善巧的辩才，
说法也会引发反感，甚至诤论。

077

曾有一次，被恶狗追逐，那时发现：越是逃跑，越是被追咬；后来索性坐定看它，结果它反倒不再向前了，只是狂吠，狗人对峙约半小时，它最终悻悻地离开了。

曙师提醒：
由此可见，外面的恶狗不可怕，最怕心里住的是小白鼠；
所谓的逆境不可怕，最怕自己有一颗逃避的心。
禅小胖知道后，很认真地跑来说："师父还是慈悲没修好吧？要换作我，我就效仿佛陀割肉喂鹰，修布施，给他咬。"
我觉得好有道理，便让他去照看居士寄养的藏獒，结果……

078

《涅槃经》中有位"宝珠力士",由于过去生修忍辱而感得眉生宝珠,人见欢喜;后来,他与别的力士角力落败,便嗔恨嫉妒,顿时珠失额中,遍寻不见。

曙师提醒:
其实珠从忍辱来,还因嗔恨失!
佛性智慧就如同这颗宝珠,
虽然光明不增不减,
但也会被烦恼的乌云,暂时淹没覆盖。

079

觉林菩萨偈曰：
"心如工画师，能幻诸世间。"心性如何，下笔便如何。

曙师提醒：

八大山人善画鱼，
这位阅尽沧桑的大师，笔下的鱼，遗世独立，白眼向人；
我向来爱慕，便也临摹，
发现自己描出来的鱼，不仅身材臃肿如我，
且故作萌态，眼神极尽各种媚俗，
没办法，吃货的世界，你们懂的。

080

我自小习惯了四季如春,初到广东求学,便觉极不适应,日日苦瓜,各种凉茶,好似置身火炉一般,两年下来,也才稍稍服了水土,可见要适应新环境,是多么不易。

曙师提醒:

心性的训练亦如是,如我之流的钝根众生,起心动念早已习惯了各种散乱、放逸,无时无刻不在烦恼中翻覆。如果没有一个长时间约束和引导的过程,仅仅靠阅读些文字知识,抑或茶余饭后的"禅话",甚至偶过几天"隔绝人世"的体验式生活,就想获得真正的智慧受用,这无异于画饼充饥。

081

中峰明本禅师开示,古人学道有三要:
第一要为生死大事心切;
第二要勘破世间荣辱得失;
第三要发决定心永不退转。

曙师提醒:
依我看来,今人学道也有三要:
第一有香有茶风景要好;
第二有说有唱法师要会开玩笑;
第三苦逼人生,修行点缀,影响生活的不要。

082

一滴清水,遇热即化为气,遇寒则凝成冰。或汇流江海,或坚硬如石,或飘渺若无。但无论是冰还是气,水性湿润不变。

曙师提醒:

佛性如是,迷了唤作凡夫,悟了即同圣人,或出入自在,或苦海覆翻,或清明似镜。但无论是凡还是圣,佛性不增不减。生生灭灭中自有那不生不灭,来来去去里原都是非去非来。把握了生命的主动,虽浮生即梦,梦也多姿;认识到性命的不动,则随机应现,不动如如。忽然忆起先师觉真长老的末后偈语:"莫问大士何处住,反思何处不观音。"

083

医者治病，主张：
"虚则补之，实则泄之。"
当代人的身心，开口即鱼肉，触目负能量，
大多皆营养过剩，宜泄不宜补。

曙师提醒：
对机说法如辩证用药一般重要，
对一个头痛的人却让他吃脚气药，
旧疾未除，恐怕又添新病了！

084

有一个人，开了家旅馆，每天接待南来北往的各种客人。
客人食宿完毕，便继续前行，
而主人永远在这里，
是不会跟着客人跑的。

曙师提醒：
修行如是，外面的境界就好比那南来北往的客人，
任他来来去去，你只要不跟着他跑，主人翁自然就起作用了。
所以说："一心不乱，万法无殃！"

085

当眼睛被沙迷了的时候，完全不理会是不可能的，因为确实难受；拼命揉抠，用水冲，结果却越折腾越厉害。此时若静心眯眼，轻眨数下，眼睛里分泌的泪水，往往会自动将异物带出，百种难受，一时轻松！

曙师提醒：

对治烦恼不也如此么？若一味"不理会"，
定力不足完全做不到；若强行压制，则越对治心越乱；
此时若肯澄心闭目，关闭外缘，
内观正被"烦恼"着的"我"，原来不过作茧自缚，毫无真实。
万千烦忧，到此俱休！

086

惟宽禅师曾经举过一则譬喻：
人的眼睛里，如果吹进沙子，固然不舒服；
但即使换作珍贵的金屑，吹进眼中，也同样会不舒服。

曙师提醒：
念头的本质本就清净无染，
所谓的"妄念"或"正念"都如眼中的异物，
执着于除妄或求真，
就是故意吹尘入眼、头上安头。

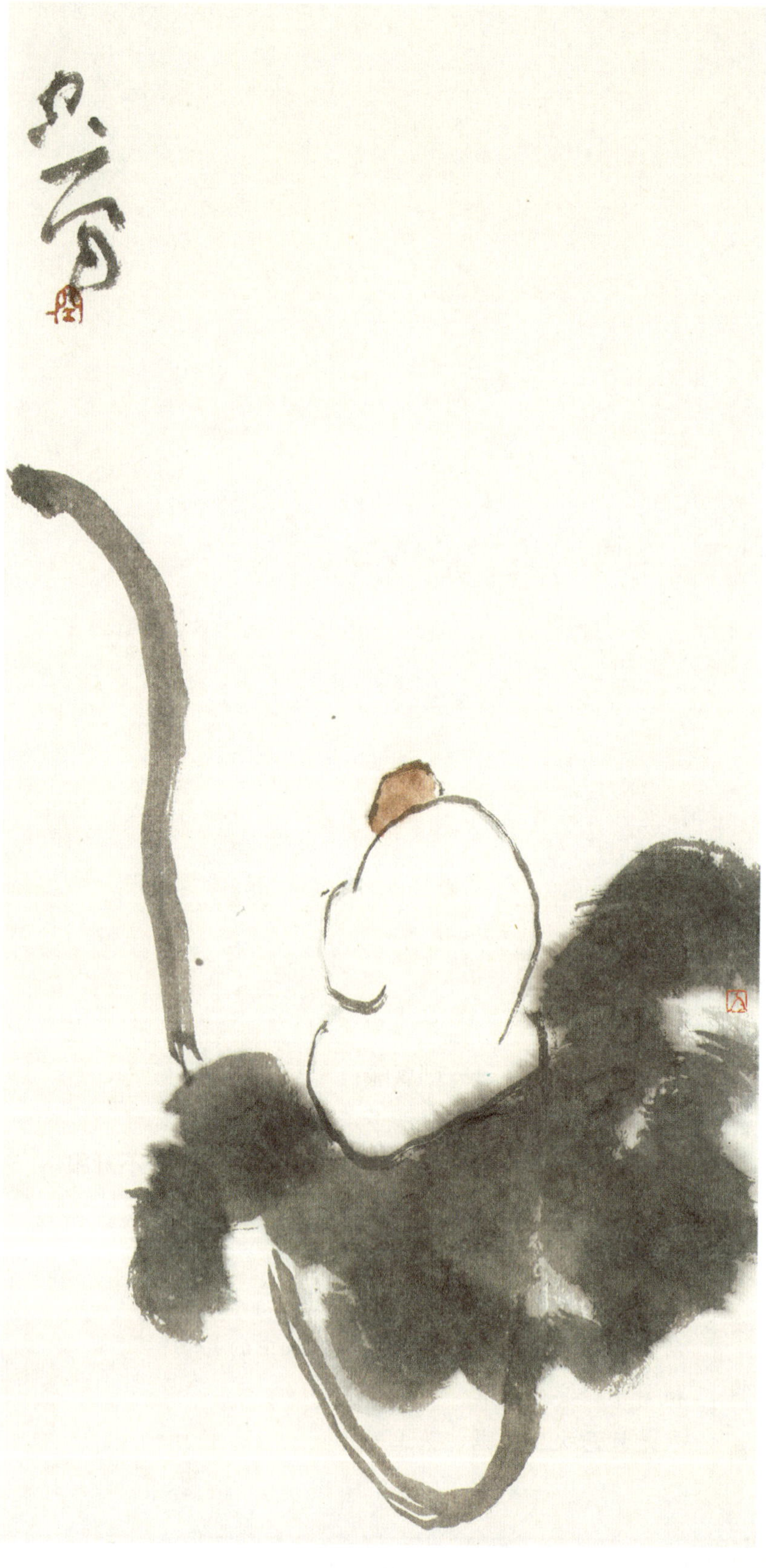

087

重耳落难时，介子推用自己的肉，救活了他；重耳复国，成了晋文公，介子推施恩不图报，带着母亲，悄悄地离开了他，隐居绵山；重耳为了逼介子推出山，大火三面围山，结果却烧死了坐在老柳树下的介子推母子。重耳既愧疚又悔恨，于是下令以后介子推的祭日，举国禁火，谓之"寒食"。到了第二年，老柳树死而复活，又发新枝，人们这才发现，死前的介子推，仍不忘忠君爱国，在树洞中留下血书："割肉奉君尽丹心，但愿主公常清明！"清明节从此而来，其意义并不仅限于形式上的"祭祖"，更多的是体现"知恩报恩"的精神。

曙师提醒：
别人可以施恩不图报，
我们不能忘恩负了义；
助人应当施恩不求报，
受惠必须知恩和报恩！

088

有位婆婆，建了一庵，供养一位僧人闭关，不觉已经二十载。婆婆欲考试闭关僧，于是让妙龄孙女送饭时，抱住此僧，问他感觉如何。闭关僧答："枯木倚寒岩，三冬无暖气！"婆婆听后，怒道："原来二十年竟养了一个俗汉子！"遂点火烧庵，赶出此僧。

曙师提醒：

一抱本来平常事，换汝感觉意如何？婆心切切烧庵去，落红化泥更护春。佛亦有情，佛情不同世情，不以个人欲求为本；佛亦有情，佛情也非无情，不排斥压制如草木顽石。佛亦有情，菩提萨埵名"觉有情"，那是以慈悲为本，令一切众生都解脱觉悟之平等大爱。祝一切有情的人们，节日快乐！

089

譬如母雀哺育雏鸟，雏雀幼时，
母雀必定不辞劳苦，外出觅食，并亲为哺喂；
等到雏雀长大，羽翼渐满，
母雀则往往出其不意，突然啄击雏雀，
群雏一时惊慌，飞避之间不觉已经学会自己飞翔了！

曙师提醒：

慈母爱子不拘方，且如婆子烧却房。
不是一番寒彻骨，怎得梅花扑鼻香！

090

有位良医，带着几个儿子周游列国。有一天，孩子们误食了一种毒药，虽不至马上毒发身亡，但却令人长久消耗身心。良医于是配制了解药，中毒浅的孩子马上服用解药，毒即解除；而中毒深的孩子，因为心智迷失，并不认为自己中毒，所以不肯服药。医生久劝不力，只好留下孩子们，一个人远行。不久，孩子们却听到父亲已经病逝他乡的消息！再也没有慈父的依靠了，孩子们顿时成了孤儿，大家悲伤不已！这时，中毒已深，迷失心智的孩子，因为伤心而逐渐清醒过来，明白自己是个中毒的病人，便赶紧服下父亲生前仅留的一点解药，于是渐渐痊愈。这时，父亲却又忽然出现了，原来"病无医时药可贵"，为了让孩子们早点药到病除，父亲只好用这样的方法，来唤醒孩子迷失的心智！这是《法华经》中著名的"医子喻"。

曙师提醒：

佛是大医王，也是大慈父，我是迷路子，又是愚痴儿。
佛所证的涅槃，不生不灭，可为了令我们从烦恼中觉悟，却要常常"涅槃"，示现有生有灭。
今日二月十五，佛涅槃日，以此故事供养大家，希望我们不断精进，早日用自己的觉悟，来回报佛的"涅槃"之恩。

龙树兰草
萨丁年也不
小白也竹夏

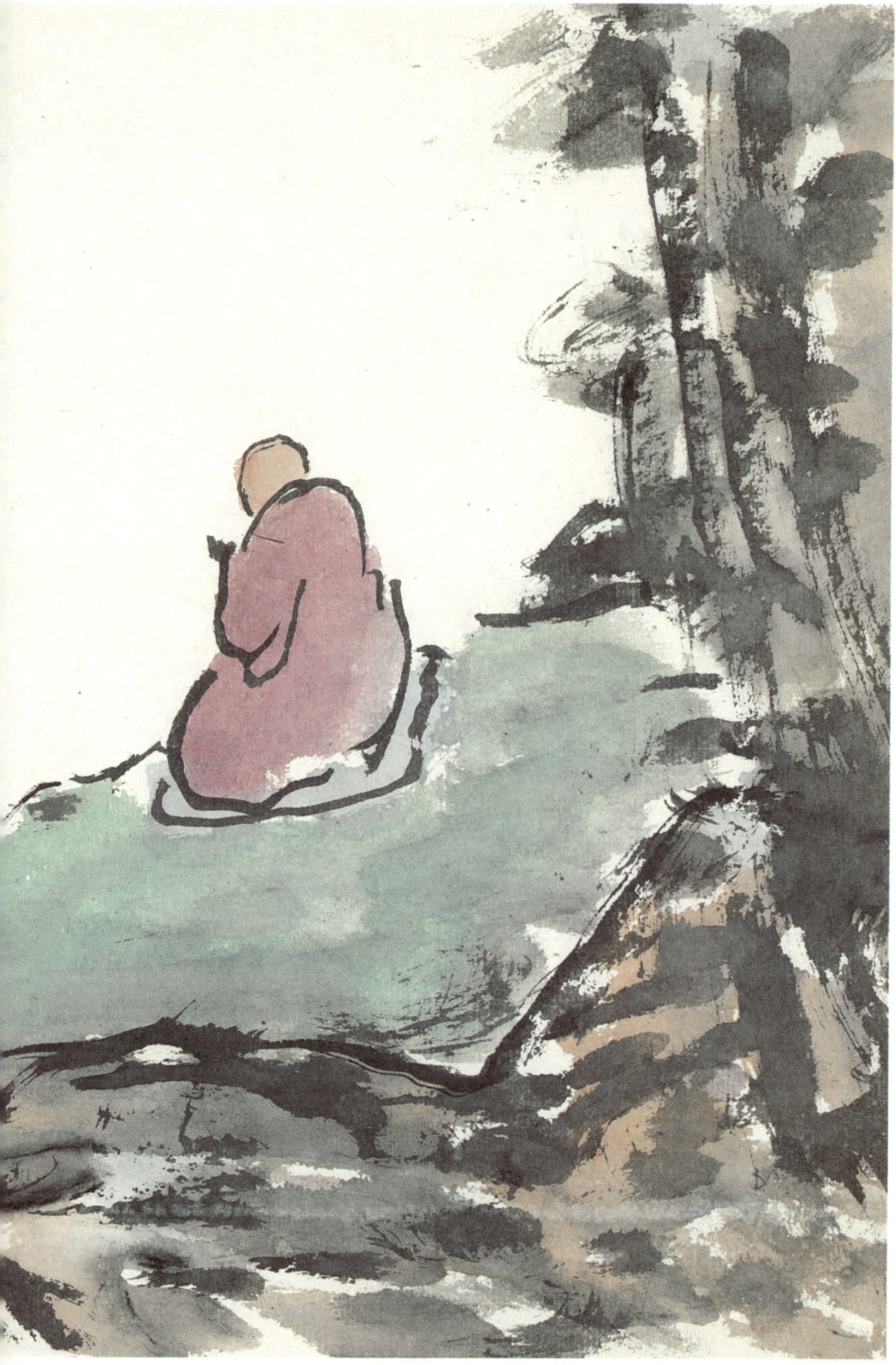

091

被情绪左右,
为名利屈服,
让欲望驱使,
狭隘着自以为是的观念的"我",
其实才是个真正的愚人。

曙师提醒:
愿大家都是智者,
请祝"我"节日快乐!

092

有一人，原本急着赶路回家，可走着走着，忽然发现路边多了很多买卖摊儿，各种好吃好玩的，他不知不觉就被吸引住了，便顺着摊儿一路逛了下去，直到天快黑了，他才想起原本是要回家办急事的，可这时，他已经迷路了。

曙师提醒：
诵经、礼佛、坐禅，乃至世间一切事业莫不如此，若确定目标，持之以恒，不杂用心，则久之必能成就；若三心二意，贪看沿途风光，往往就会忘失回家的路。

093

《维摩诘经》中说:"难化之人,心如猿猴。"隋智者大师也说:"系心不放逸,亦如猿著锁。"可见调伏此心,是多么的不易。有的人看了《西游记》后,对唐僧给孙悟空戴上紧箍咒很不以为然,认为这其实扼杀了悟空的真性。其实仔细看看,悟空心中的正直、善良、慈悲、热情、自在、胆魄,包括敢于怀疑的精神,又何时丢失过?约束住的只是他不分场合、随时发作的习性罢了,等到真正功德圆满的时候,哪里还需要"紧箍咒"呢?

曙师提醒：
每个人的心中其实都有一只猴子，
与《西游记》不同的是，
猴子是我、套箍的是我、解套的还得是我！
因为即使是观音再来，
也永远无法箍住一个不愿上套的人。

094

佛曾经对大迦叶说:"譬如你要渡过你面前的恒河,不管是涉水,还是坐船,你都必须亲自过河。如果只是一味地在此岸念念有词地喊:'我要过河,我要过河!'喊到下一劫,也永远过不了河。"

曙师提醒:
美好的人生,
源自于快乐的每一天;
圆满的觉悟,
离不开当下的每一念。

残荷 甲午忠鱼小品也

095

一个人醉酒的时候，眼中所见的房屋大地都是颠倒旋转的。此时旁人即便告诉他："你已醉了，此时所见，其实都是假的。"他这一刻根本听不进去，因为他，并不认为自己是醉的。所以，让他醒酒，或者才是比较好的办法。

曙师提醒：
很是惭愧，想起当年面对一个正在盛怒状态下的朋友，
以为自己掌握点真理，便不知好歹地与他辩论，
和他讲了一套套的佛法大道理，
试图劝说他，结果被人家彻底拉黑。

大家都知道，黄豆可以做成豆腐，但如果不磨，黄豆并不会自己变豆腐；磨的时候，如果不用心、或石膏放得过量，也一定难成好豆腐。修行也如是，虽然道不用修，即心即佛，可如果不修，你还是你，佛还是佛。

曙师提醒：
曙提每日晨起，
即为提醒自己：
莫把吹牛当度众，
慎勿消闲作参禅！

097

如果一个小孩儿，赖在地上不肯走，并且哭闹不止。此时若一味用由上而下的语气加以训斥，效果其实并不理想。智慧的成人，若学会放低自己，以小孩儿的口吻来善加开导，往往孩子们反而会乐于接受。

曙师提醒：
每个人情绪化的时候，
其实都是小孩子，
平等的交流和引导，
往往比教育和训斥更有效。

摩诃男是迦毗罗卫国中有名的长者，也是虔诚的居士。他很担心自己一直在名利场中打滚，常常忘了"念佛、念法、念僧"，将来一旦命终，也会随波逐流，不知道方向。佛就告诉他："请不必担心，一棵树平时朝着什么方向生长，即使被砍断，也仍会朝着那个方向倒下。"

曙师提醒：
念念不忘，
必有回响，
这就是心念的力量……

099

有的人以为，拥有金钱会很快乐，可得到以后怕失去，结果却成了金钱的奴隶；还有人以为，没有金钱会很快乐，可一钱难倒英雄汉，结果也成了金钱的奴隶。

曙师提醒：
其实重要的或许并不是金钱本身，而是面对金钱的态度。
有钱的时候，奉献即快乐；
无钱的时候，知足即快乐；
困顿的时候，坚持即快乐……

100

即使是高明的骑士，面对脱缰野马，也须善加调伏，才能自由驾驭；
即使是悟后的圣者，面对起心动念，也须勤加保任，才能自在受用。

曙师提醒：
调心亦如驭马，下多少工夫便得多少受用。
宗门里形容悟后的圣人，
尚且要做"如猫捕鼠"般的保任工夫，更何况现在的我们，
心念还正似那"脱缰的野马"呢？

101

见到自己喜欢的人，就希望永恒拥有，其实本质上不是这个人好，而是因为我喜欢；遇到不喜欢的人，就希望赶紧消失，其实也并非这个人不好，只是因为我不喜欢。原来我们喜欢和讨厌的，终究只是我们自己的影子。

曙师提醒：
我们的心念，就好像水中的月影，
水一动，月影便也随之而动。
我们就是那水中捞月的猴子，
追逐水中幻影的时候，却忘了一轮圆月耀天心。

102

鸟儿没有双翅,便无法飞翔;
理论脱离实践,也只剩空想。

曙师提醒:

吃茶时,指点江山,谈笑风生,远观自己,活似悟者;生活中,顺逆境界,情绪波动,近看自己,实是疯子!此时若有人不忍见之,曰:"还是老实进禅堂,用心做个几年工夫吧!"虽实惧盘腿,但自己好面子,不肯认输,于是义正辞严道:"咄,莫执著,禅不在坐,禅在生活!"好吧,吾有一禅,唤作"口头禅"!

103

有人找不到钱包,便怀疑是被同事偷的,此时他横看竖看,办公室里每个人的举手投足,都像极了小偷。不一会儿,他的太太打来电话,告诉他钱包放家中忘带了,他不觉心生惭愧,原来就在一念之间,自己误会了同事,还顺便制造了很多"小偷"。

曙师提醒:
心生种种法生,
心灭种种法灭。

104

清净的财富,
不仅可以维持生计,
且能利益社会。
净财的获得,
离不开正确的发心、正当的方式以及合理的布施。

曙师提醒:
正当正月初五,是财神吉日,
祝愿大家福报无量、净财源源!

105

大家都喜欢讨论禅定，定有多种：有深陷世欲之邪定、有坐如木石之世定、有一坐十劫之甚深定，更有一种无出无入之圆顿大定。

曙师提醒：
有的菩萨，虽正遭受病苦，自身却毫无动摇，
且仍然心念众生，不忘佛法灯传。
表面上看，菩萨未曾入定，
但其实从未出定，
这就是无我利他之菩萨愿行，亦即圆顿大定。

106

问：过去每当我犯错的时候，您都要劝说，甚至呵斥我。为何近几次来，您见了我，却总是保持沉默呢？

曙师提醒：
每次提供建议，您都要想办法自圆其说，
试图告诉大家，您即使错了，也是合理的。
如果附和您，那是妄语；
继续劝，徒增诤论。
保持沉默，或者是最好的选择吧！

107

家乡有句俗话:"打不跑的,才是真儿子。"
曙提初出家时,性格刚强,行事乖张,幸得家师费尽心思摄受,
今日才勉强不致误入歧途。
当时各种不理解,有一次甚至悄悄逃离,
现在想来,内心只有惭愧与感恩。

曙师提醒:
师父师父,师恩如父,父爱如山……

108

《大势至菩萨念佛圆通章》中将众生和佛譬喻成：
"如母忆子、如子忆母"的关系。

曙师提醒：

迷路贪玩的孩子可能早就忘记了妈妈，可母亲却从未放弃过寻找孩子。
有朝一日浪子一旦回头，母子必定重逢。
释迦如来、弥陀如来以及十方诸佛，就像母亲一样，
因他早就发愿令我们从烦恼中解脱，
我们只要忆他念他，觉悟也必定指日可待！

109

有一次，紫柏老人从午后一直看书，直到太阳下山，他仍然看得聚精会神，浑然不觉夜幕已经悄悄来临。过了好久，憨山大师秉烛夜行，路过紫柏门口，看到紫柏在黑暗中看书，便问："天早就黑了，你这样能看到书上的字么？"紫柏一经憨山的提醒，马上意识到，原来天色已晚。就这一念，原本书上他看得清清楚楚的文字，忽然一下子消失了。

曙师提醒：

《信心铭》曰："眼若不睡，诸梦自除；心若不异，万法一如。"当内心无分别时，六根便是纯一无杂的受用，即使是凡夫的肉眼，也一样可以突破明暗的束缚。

110

近来流行"任性",任什么"性"很重要。

曙师提醒:
如果放任"习性",
则流露出的往往是难填的欲壑、
极端的情绪以及种种的妄为;
如果顺从"真性",
则显露出的往往是知足的超然、
豁达的性情以及处处的自在。

111

前日回山，遇一朝山者，自称腿疼，无法爬山，便雇顶担子抬他。坐担子的一路打着电话、挑夫们一路打着号子，不多时，也终于捱到了山顶。这时腿疼者下担，并请挑夫原地等他下山。他边掏钱边对挑夫说："你们与其在这等我，不如跟我一起进去拜拜，拜拜你下辈子就不必这样辛苦了。"有一挑夫接了钱，笑着对朝山客说："你们来拜的，都是心里有事的！我们没事，不用拜。"

曙师提醒：
平常一句话，不同人看了，却往往赋予其不一样的定义。
有人会赞叹挑夫的超然，
有人则鄙夷朝山客的世俗，
有人质疑为何揣测天下人的拜佛心？
还有人悲哀挑夫的自甘堕落！
原本笑看故事的我们，
不知不觉中，已经成为了故事中的主角，
并且努力寻找故事中的同病相怜。
其实呢：
"挑夫不是我，我不是挑夫。挑夫即是我，我今是挑夫！"

112

问：师，发现你们讲法时，
也经常会引用一些当代流行的时尚用语，
想想也是蛮拼的，
只是太时尚了，会不会让人接受不了啊？

曙师提醒：
不然咱们一起穿回唐朝去，
我保证和你说古文！

智慧引导观念,
观念左右行为,
行为养成习惯。
习惯改变人生。

曙师提醒:
上兵者德,厚德所以非攻;
上修者智,智慧决定人生。

114

菩萨们往往乐于扮演各种角色，来接引众生。《维摩诘经》里，文殊等与维摩诘共论"不二法门"，大家各呈己见，文殊以"无言无说，无示无识，离诸问答"来诠释"不二法门"。轮到维摩诘，他则默然不说。于是文殊赞叹："乃至无有语言文字，是真入不二法门！"有所说还是二。看官到此，切莫以为智慧第一的文殊尚且不如维摩诘境界，其实这都是在"演法"而已。

曙师提醒：
认真却不当真，菩萨们，都是尽心尽责的好演员！

115

过去有一位持地菩萨,他的修行法门很特别,遇桥修桥、逢路铺路,哪里不平坦,他就去平路;遇到不平事,他就去帮忙。后来有一次,他铺平道路来迎接毗舍浮佛,佛就对他说:"平大地殊不易,平心地更难得,心平则世界大地,自然悉平!"持地菩萨由此得悟。

曙师提醒:
觉者心安如海,所以能转境界;
迷人患得患失,所以总被境界转。

116

比心如地：好的地，需要小心呵护，才能播种乃至收获果实；一念心，同样需要谨慎保护，才能觉悟最终利益众生。地可孕万物，心能生万法；年复一年收又种，原来地性不增减。前念后念灭还起，此心清净无生灭；地若不耕叫荒田，心若不动同顽石；杂草为种唤废田，起贪嗔痴是恶念；地沃实丰如福田，以戒定慧利人天。

曙师提醒：
下什么种，收什么成。起何种心，结何种缘。
所以六祖惠能大师偈曰："心地含诸种，普雨悉皆生。顿悟华情已，菩提果自成。"

一日，百丈禅师正领众出坡劳作时，寺中钟板声响起。其中一僧，听到板响忽然大笑，扛起锄头就回寺了，百丈笑道："俊哉，这才是观音入理之门啊！"回到寺院，大家都很好奇，便纷纷挤过去问这僧："刚才师父称赞你入'观音门'了，快说说看，刚刚你到底悟到什么了？"这僧说："刚刚肚子饿，听到板响就回来吃饭喽。"众人将信将疑，百丈听说了，也只是笑。

曙师提醒：
大家不妨也说说，这僧究竟悟了也未？

118

有一天，杨岐禅师问白云守端："听说你师父的开悟偈很奇特，不知你可还记得？""当然！"白云马上自信地诵了出来："我有明珠一颗，久被尘劳关锁。今朝尘尽光生，照破山河万朵！"杨岐听后，一言不发地看着白云，然后忽然大笑数声，径直走了。白云被笑得一头雾水，搞不清杨岐到底笑什么？还是念错偈子了？回去越想越纠结，折腾一宿，也没想明白。次日一早，白云实在憋不住，便黑着眼圈去找杨岐问答案，杨岐见了白云，又是一笑，说："你还不如那戏台上的戏子呢，他尚且经得住千万人笑，你却经不起人家一笑！"白云言下大悟。

曙师提醒：

云本无心，看客有意。

烦恼无根，何劳自寻？！

119

今日立春。
春者，从草屯日，意谓：
大地回春时，草木逐日生。

曙师提醒：
草木能生，乃大地原含诸种，
便秋冬萧杀，也摧残不得；
佛由人成，实心地本具佛性，
虽作驴作马，亦损坏不能。
咦，真个是：满目白云青山，举足片泥不成！

曾亲近一位教界耆宿，老人十分惜福。有次替老人家更衣时，发现他的内衣都是层层补丁，又旧又破了也不肯丢弃，而外衣大褂海青，老人却始终要求光鲜整洁。当时不解，便玩笑似的问老人："您老外面穿这么整齐，也这么好表面文章么？"老人笑着回答："外面穿干净些，既是维护僧相的庄严，也是对访客的尊重。"

曙师提醒：
忽然忆起，曾经为了显示自己像个修行者，故意寻找旧麻布做大褂，甚至于新僧服不洗，或干脆剪两个洞再缝上补丁的痴事，想到这里，整个人都不好了……

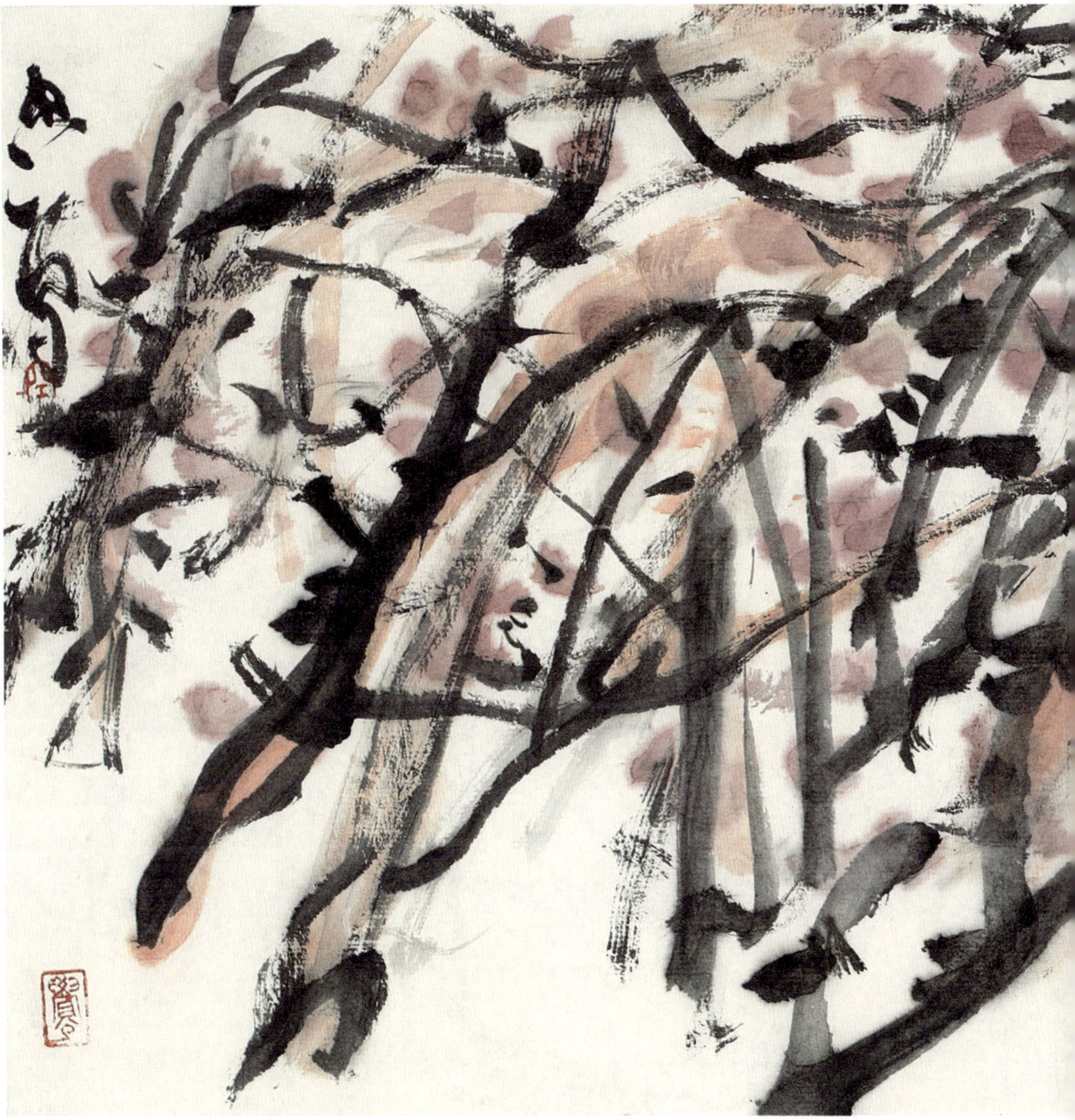

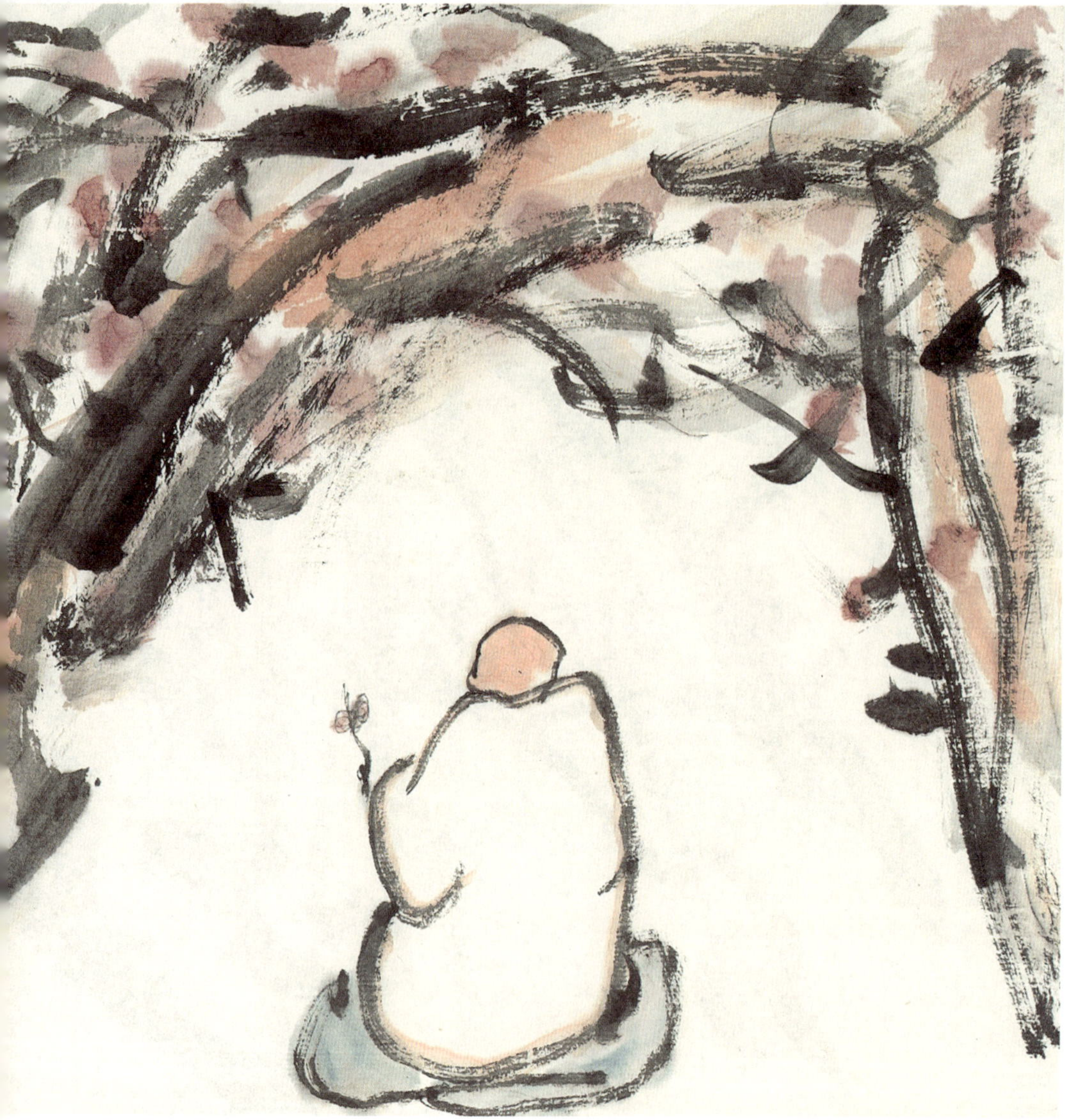

121

海明威说:"人们用两年的时间学会说话,却要花上一辈子来学会闭嘴。"有人听了这句格言,便禁语持戒,可他忘记了,只有石头才有可能永远不开口,问题并不在话语本身。佛教中有"爱语"一法,菩萨为了利益他人,须善于用对方能接受的方式讲话,甚至说"默然无说"之话。这不同于奉承拍马,也不同于巧言令色,而是真发心利他的活泼泼的无我智慧。

曙师提醒:
献花的时候,
顺便清理一下花刺吧,
免得扎着你心仪的人。

忍，从心，刃声。《说文解字》中，忍的原义是一种能力，能够忍受环境或人为的逼迫，谓之"忍"。同样，忍住不去作恶，或忍心伤害他人，也都谓之忍。这样的忍，确实不易，但结果往往是：忍无可忍，终究火山爆发！佛法的"忍"，则是一种智慧，通認，如果认识到万法的不生不灭性，则顺境逆境，于"我"并无动摇，内心原无嗔恨，面前哪有敌人？！如此自然得失从缘，无须强忍。

曙师提醒：
忍，不只是被动的压抑忍耐，更是慈悲的智慧包容。

123

圆融，圆而能融！因为圆满看待一切事物，消融一切对立情绪观念，所以"一色一香，无非中道"。不仅不会偏私狭隘，且能包容万物、海纳百川。圆滑，又圆又滑！因为始终爱惜自身利益，总是尽量应付方面周全，所以"八面玲珑，左右逢源"。观点上常常模棱两可，且每每故作高深，扮超然物外。

曙师提醒：
圆融是无我的大智慧，能举重若轻；
圆滑是自私的小聪明，常避重就轻。

124

佛法，
即成为佛一样的觉悟者之方法。

曙师提醒：
佛法是自性自度，
可以帮助，
可以引导，
但佛却不能够替你成佛，
能够替你成佛的，那叫魔法！

125

日本天台高僧、日莲宗创始人日莲上人曾经说过一则譬喻:"尽管婴儿无法区分水与火,也不知毒与药的利害,但只要饮乳,就能够活命。"

曙师提醒:
初学佛者,犹如婴儿,既便不能完全通晓经义,
但只要坚持听闻读诵,哪怕经典中的一字一句,
久之善根必能生发,终将觉悟成佛。
这既是"诸佛本地久远愿力",
也是"众生心地本有风光"!

猴子和鱼是好盆友，一个生活在水里，一个活跃在树间。有一次大雨成灾，山洪呼啸而来，猴子迅速地爬上高树，躲开了滚滚洪流。他忽然发现，好盆友——鱼，还在水中奋力挣扎，善良的猴子不忍鱼的苦难，于是冒险将鱼捞起带到树上。鱼本来在水中正惬意游戏，却莫名其妙地被捞了上来，最终因为缺水，口渴而死。

曙师提醒：

如果站在我的角度，利他很可能会伤害别人，无我，才能实现真正的利他！

127

曙提临济宗传法恩师觉超和尚,
禅风凌厉,答疑常常单刀直入,
一日人问:
"师,新房装修好了,您老请帮忙择个搬家的好日子呗?"和尚大声地答道:
"哪天不下雨,哪天搬!"

曙师提醒:
我竟然无言以对……

佛学院毕业考试，一学僧交白卷，法师不解，学僧颇为自得地答："诸法皆空，何必再答！"法师恍然大悟，慎重地在试卷得分栏画了一个大大的"0"。学僧大呼："法师，你打零分我怎能毕业？"法师笑曰："既然诸法皆空，0与100又有何区别？！再说了，你境界如此之高，还须毕什么业啊！"

曙师提醒：
这是 no zuo no die……

129

有师兄弟二人结伴同行,半路上随身的一只瓦钵,忽然落地摔碎。师兄头也不回扬长而去,师弟却弯腰将碎片捡起。有人便问他们的师父:"同样都是你的徒弟,处理问题的方法却截然不同,你觉得哪个做得更好呢?"师父答:"哪有什么好与坏?扬长而去的知道摔碎了的捡也无用,这叫放下;弯腰捡起的是担心碎片割了别人的脚,那是慈悲。"

曙师提醒:
手心的算肉,
难道手背肉不算肉?

《百喻经》中有一则故事：有极渴之人，到处找水，当他终于来到河边时，他却开始发愣了。别人问他："既然那么渴，见到水了，为什么不喝？"他说："这么多的水，我根本无法一下喝尽，那我干脆不要喝了！"故事譬喻：很多追求解脱的人，见到佛法浩瀚如海，不知从何下手，反倒退却了。

曙师提醒：
何以一口吸尽西江水，
管取一滴便得真滋味！

131

有一人，梦见自己患了极奇怪的病，
遍寻名医而不得治，时刻被种种苦痛折磨。
后来遇到一位长者，
听说了他的种种症状之后，并未治疗，只是猛地一推，他便醒了。
醒后他发现，原来不过大梦一场，
可梦中种种痛苦悲伤却又那么真实。

曙师提醒：
梦醒之间，犹如隔世；
人生如梦，醒来就好……

腊月初一，今日大寒。
大寒是廿四节气中的最后一个节气，寓意"寒已至极"，
所谓"小寒大寒，冻成一团"。
不过俗语又说："大寒最寒，寒尽春来！"

曙师提醒：
即便是最寒冷的冬天，
也无法阻挡春的到来，
而我们需要留心的是：
大自然所带给我们的每一天的精彩！

133

古人说："见他之善，论迹不论心；见己之善，论心不论迹。"
看到别人做好事，不必揣测对方的发心，
应当多肯定和随喜对方的行为；
自己在行善时，一定要反观自己，
是否仍存有贪求名利或希求回报之类的用心。

曙师提醒：
满满滴正能量，应当从反观自己一念心开始……

曾见偏要下水不肯上岸的蛮牛，除非你有天生的勇力，否则决计不可硬拽牛尾，如果强拉，要么被牛拉下水，要么被牛踹着了。所以善牧者往往会摘一把青草至牛前，草香扑鼻而来，牛也就跟着回头上岸了。

曙师提醒：
好的老师，往往善于因机施教，谆谆善诱；
好的boss往往善于调动员工的积极性；
同样，修行者调心又何尝不是如此呢，
一味被情绪左右是下水牛，一味压制念头是被踹牛，
童鞋们应该如何"自牧心牛"呢？！

135

有位官员,皈依马祖道一。
他问马祖:
"名利场中,不免应酬,您说我是吃酒肉好呢,还是不吃酒肉好呢?"
马祖答:
"吃是你的禄,不吃是你的福。"

曙师提醒:
嘴馋何必找借口,
福从培来禄始消。

智者大师在《修习止观坐禅法要》中说:
"诃睡眠盖,警觉无常。减损睡眠,令无昏覆。"
如果这样还不行,
大师又说:"若昏睡心重,当用禅镇杖却之!"
也就是说:如果实在困,送到禅堂,打上两香板,自然就好了!

曙师提醒:
生前何必久睡,死后自然长眠!
睡货们,舒舒服服睡一时,却浑浑噩噩度此生啊!

137

近来流行"断舍离",
于是出现了一批"断绝联系、舍弃物质、远离社会"的朋友,
似乎拥有的越少,
内心就越超脱。

曙师提醒:
忽然忆起自己小时候,
曾经摘花弄伤了手,不反省自己的贪心,
却反过来责怪花上有刺,进而砍掉了整株花。
现在想来,实在愚痴。

花落花开，不同的眼睛会诠释出不同的故事：
植物专家会研究它的品种；历史专家会考据它传入的年代；
生物学家会分析它的元素；哲学家会讨论它到底有还是无；
花道专家则会细心采摘，置入瓶中，以为清供；
文青们则会由此"花谢花飞"而顾影自怜，
却不自觉地发出："这到底是极美"的感叹！可无论怎样诠释，花还是花。

曙师提醒：

所以禅者的世界里：花开同赏，花落从缘。

139

福，大家都特别欢喜的一个字。甲骨文里，"福"是手捧酒坛，浇酒献祭，意谓福自神示；"示"又从畐，畐者腹满之义，所以形象上讲，胖子总是"福嘟嘟"滴。其实意谓：大度者福，示从一口田，这口田即是心田，心田须常耕，意谓：福自心田。

曙师提醒：
神示并不意谓福自求来，若福田本薄，求从何来？！
所以"示"是指示之义，
我们的祖先早就告诉我们：常怀大度心，善自护心田；
百福从此生，福寿永绵绵。

140

猫对狗说：我认为鱼最好吃。
狗马上反驳：不对，我认为肉骨头才是美味！
俩人为了"什么最好吃"这一话题，争论了半天，谁也不能说服对方。
这时老牛走了过来，听到他们的争论后，大声笑道："鱼和骨头再好吃，老牛也吃不了，因为俺只适合吃草，你们说，哪有什么最好？"

曙师提醒：
快说，我这里，哪个好，哪个不好？

141

元晓大师,有一句名言:
"要飘落的花瓣儿,连一天也不能等待。"
这句话后来被译成:
"我曾试着尽一切的力量,包括神通,也无法阻止一朵花的凋谢。"

曙师提醒:
遍山翠竹青又黄,
满目黄花落复开。
又到一年立春日,
映雪冬梅十分香!

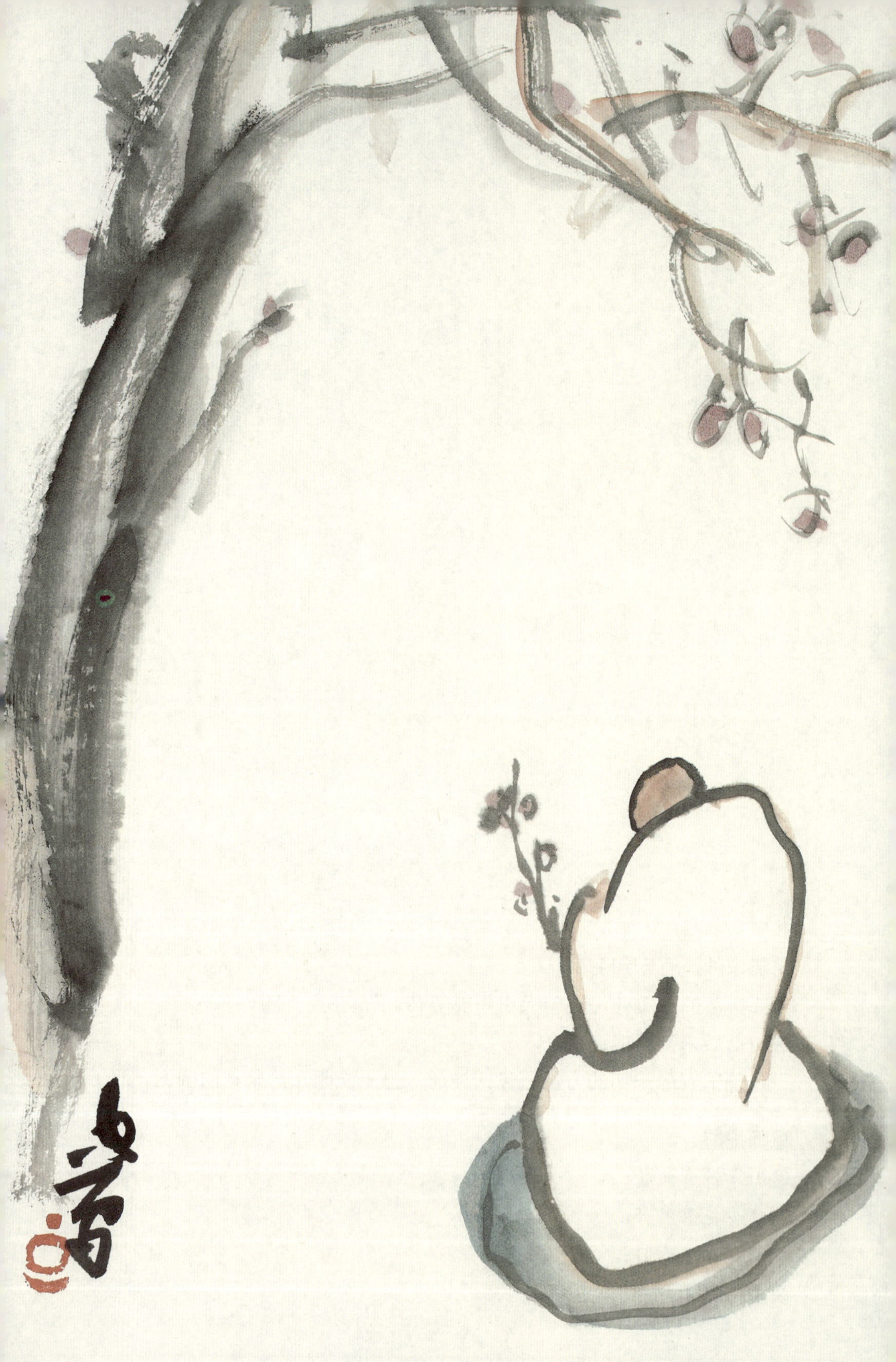

142

朝鲜元晓大师年轻时与同学结伴来唐求法,有一次为了躲避乱兵,藏入一个破旧的山洞,等到半夜,实在饥渴难耐,随手摸到身边正好有一盆水,便赶紧一饮而尽。当时觉得从未喝过如此美味之水,他认为这一定是菩萨赐的甘露无疑。及至天明,发现昨晚身旁的"甘露",原来竟是洞中骷髅头盖骨中的污水!胃中马上开始翻江倒海。他领会到:心外无法可求。清净与污秽,不过吾人自生分别罢了!他由此打消了赴唐求法的念头,回到朝鲜,成为将佛法大众化的一代高僧!

曙师提醒：
垢净分别，于我何央，
今日阿弥陀佛圣诞，
祝大家常清净，恒吉祥！

143

《四分律》记载：耆婆童子随师学医七年，
有一天，师父给他一笼一掘，让他上山，
只要找到不是药的草，就采回来。
童子找了很久，发现遍地草木，没有一样没有用途，
只要对症，即便是毒草，亦可救命！
他由此悟得，"善医者，尽大地无不是药。"

曙师提醒：
生活处处是道场，举目扬眉总禅机，
别以为环境有好丑，就看你会机不会机！

放生的意义，更多的是要放生自己，将自己从"生死心"中解放。
"生死心"即是以我为中心，产生的种种对立情绪。
随着社会的发展和生活节奏的加快，
拥有这种"对立情绪"的人必然越来越多，
各种突发事件的产生，"情绪"恰是不可忽视的主因。

曙师提醒：
放过自己，才能慈悲众生！

145

隆隆阿够,有人买回公鸡两只,甲鸡特别会打鸣儿,叫声响亮悦耳,招人喜欢。乙鸡却不怎么会叫,所以无人理睬,被冷落一旁。到了夜深人静的时候,甲便开始教育乙:"身为一只公鸡,连最基本的打鸣儿都不会,难怪不招人待见。你应该这样叫才对!"一边说一边引吭高歌数曲。听到鸡叫赶紧起床的人们,发现还是半夜,都十分恼火,便商量道:甲鸡虽叫得好,可半夜叫会耽误事,还不如杀掉吃了;乙鸡差是差了点,但至少不会乱叫,留着总比没有好。"于是……

曙师提醒:

万言万当建功业,不如一默度一生。

146

在《法华玄义》中,有人问智者大师:"理论上弄明白就行了,为何还要强调禅观呢?"大师举例说明曰:"有二人结伴夜游,一位是盲人,另一位是跛者。他们如果不相互合作,最后不但到不了目的地,中途恐怕还得掉坑。"

曙师提醒:

不从禅观自证的理论,永远是鹦鹉学舌,风中把火;仅仅无语默观,而无教理的指导,也只是盲人摸象,自以为足。

147

"无量众行，以智为本；智如导主，行若商人；智如利针，行如长线；智御行牛，车则安稳。"
文出智者大师《法华玄义》。

曙师提醒：
仅从文字义看，智不是知。
知者口从矢，口出利箭，心直口快，
至于箭射对了没有，且不管；
智者知从日，心中明白，必能一语中的。

从情绪到智慧，
有三段历程。
1，从我出发，爱憎分明；
2，心如坚石，枯木寒岩；
3，更无爱憎，了了分明。

曙师提醒：
情者以为三，
智者唯是一。

149

恭逢药师佛圣诞，分享憨山大师《醒世歌》：
"红尘白浪两茫茫，忍辱柔和是妙方。"
世间本无佛，因病乃设药。
所谓好坏人，不过病浅深。

曙师提醒：
有病莫怕，咱有药呢！
祝愿大家：得佛法药，出烦恼海。
消灾延寿，无病无灾！

150

白居易有一次问鸟窠禅师：
"到底是人生如梦，还是梦如人生呢？"
鸟窠禅师答道：
"来时无迹去无踪，去与来时事一同。
何须更问浮生事，只此浮生是梦中！"

曙师提醒：

浮生即梦，空华水月；梦即浮生，醒来即觉。
如果不知当下反观，却试图去看清梦的真假，那真就是"梦中说梦"了！

151

一只长颈鹿，他认为自己站得高，看得远，能轻易获得别人无法企及的食物。所以他始终高昂着自己的头。可有一天，当他要穿过山洞时，他才发现，如果不低头，他根本无法向前走。

曙师提醒：
尚未破迷开悟的我，长期生活在名利之中，每日高高在上，
渐渐地就成了这只长颈鹿，高高在上，目空一切，自以为是。
感谢生命中出现的善知识们，
常常帮助我低下头来，重新审视自己，破除我的自我执着！

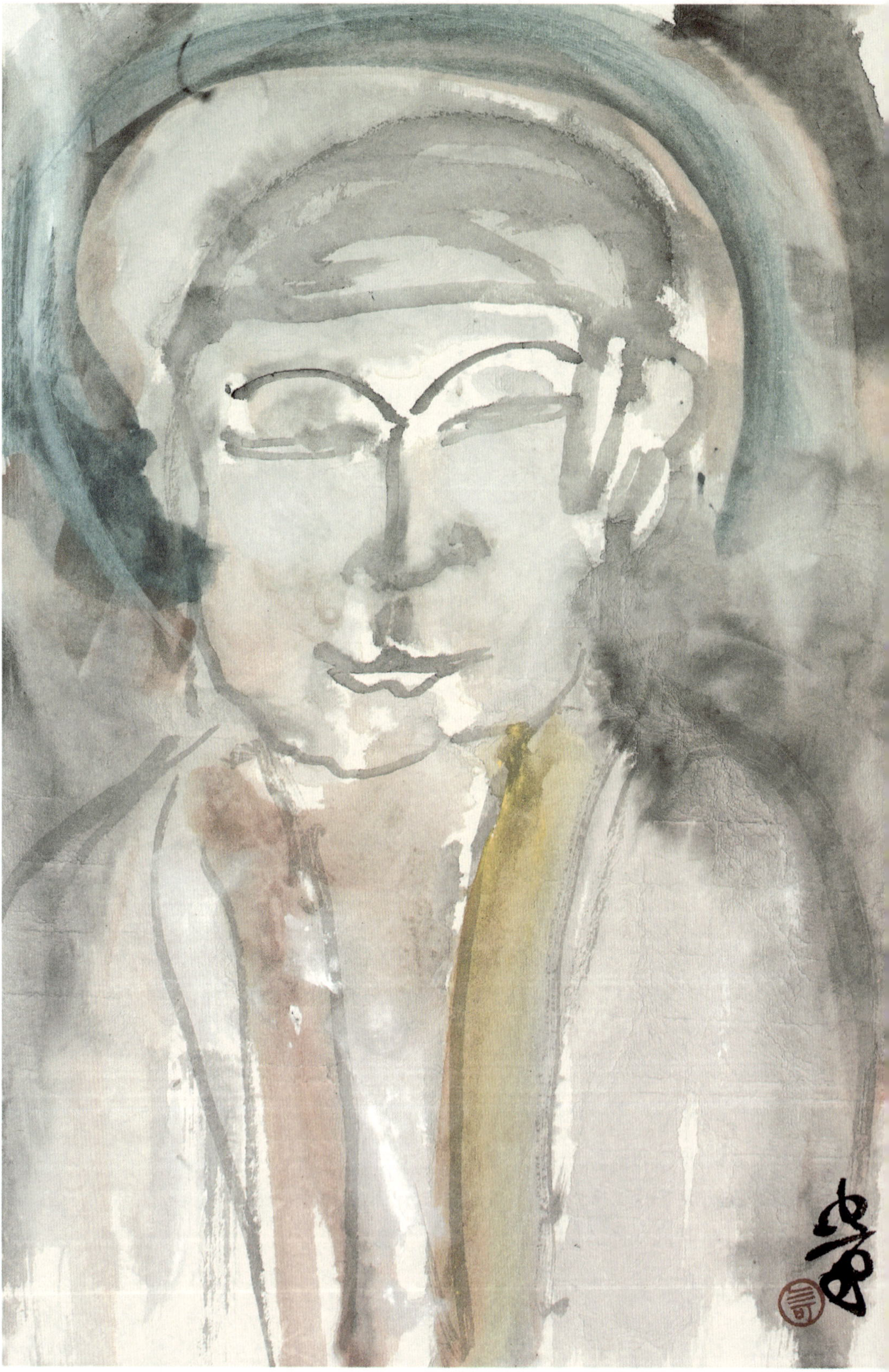

152

九月初九，今日重阳。重阳者，九为至阳之数，九月又九，故曰重阳；又，九月初九乃一年之中阳气始衰之日，而古人谓"有阳乃寿"，故重阳又作"求阳节"，谓祈祷长生之义；国人尚孝，登高近阳，所以后来衍变出：晚辈登高为家中老人登高祈寿的风俗，所以九月初九，又是敬老节；古时交通不便，这一天，离家的游子，常常登高，远眺乡关，以寄思乡之情，所以今天又是"思乡节"！

曙师提醒：
是日，佛弟子应洁净身心，恭念三宝，
回向天下长者，祝他们长寿健康。南無大慈大悲观世音菩萨。

153

古来战争，
用武力打败敌人的是勇者，
不战而胜的是智者，
一战即败的是弱者，
不战而逃的是懦者。

曙师提醒：
如果现在，我们正与自己的烦恼作战，
问问自己，我是谁？

154

初出家时，曾侍一师。师目盲足跛，每次外出，都是我骑自行车驮他。某冬，寒风里过一高桥，实在蹬不动了，又不忍教他走路，我便下车推行，好不容易捱到桥上，已浑身汗透，筋尽力疲。我说："师，稍歇会儿吧，热得很呢！"师不以为然，斥曰："心静自然凉！风这么大，哪里热了？我这会儿，还嫌冷呢！"

曙师提醒：
同一环境，感受竟然完全不同，
真是"如人饮水，冷暖自知"啊！

约摸小学二年级时,有户人家,有了全村第一台电视机,一到夏天,大家便都到他家院子里看电视。记得那会儿有个老伯,看到入戏处,便跟着电视里又哭又笑;要是剧情不如他意,便咬牙切齿,甚至破口大骂!其实剧呢,还是那么个剧,并不因他高兴或忿怒,而有丝毫的增加或减少。

曙师提醒:

同样的环境,有的人度日如年,身心交迫;有的人却乐在其中,甘之如饴,而环境,终究还是那么个环境。

所以说:"境缘无好丑,好丑在自心。"

156

一只小狗,绕着圈子,兴奋地追咬着自己的尾巴,
以为那是玩具,乐此不疲。

曙师提醒:
活在自己的贪嗔痴里,
又用自己的贪嗔痴去要求一切,符合自己标准的就快乐,
不满意的就嗔恨,
每天追来逐去就是为自己,
这个圈子,就是我们的轮回。

有一人，准备炖碗萝卜汤，大清早便来到了菜市场。
他边走边看边挑，
个头大的他嫌空心、个头小的他嫌太辣、
长得圆的他嫌不好切、长得怪的他又嫌太丑……
如此一路下来，折腾半天，
整个菜市场，居然找不到一个令他满意的萝卜，最后只好空手而归。

曙师提醒：
处处不满意的人，难免事事不如意。

158

九月十九,
观世音菩萨出家纪念日。

曙师提醒:
我们礼拜观世音菩萨的同时,
更要忆念菩萨寻声救苦的无量功德,
学习菩萨无我利他的慈悲精神,
人人都能拜观音、念观音、学观音,
就是观世音菩萨普门示现!

少时常见村中游走的修补铁匠,譬如铁锅裂了,
善补能匠,不仅将裂纹修好,且补得了无痕迹;
也有那不善修的,不仅没能修好,裂纹也补得高低不平。

曙师提醒:
世无不裂之锅,也没不犯错的人,只要肯直面自己,
真诚忏悔,必定还复身心清净;
最怕遮掩覆藏,甚至为了掩盖旧错再犯新殃,
最后弄巧成拙。既使勉强不为人知,
也必定身心俱在罪恶感中,难得安宁。

160

有一人，偶然用了一次显微镜，发现一滴水中，竟然隐藏着那么多的奇妙未知世界！于是他就认为："一滴水尚且如此，那如果生活中处处用显微镜看一切事物，岂不是更奇妙？"结果大千世界，在他眼前，万象扭曲，变得不再美妙。

曙师提醒：
懂了只言片语，便以为尽知天下；
碰了一次挫折，就以为阅尽沧桑；
受了些许委屈，就认为参透人性……
这就是"知见立知，是无明本"。

板桥学书，十分痴醉，甚至睡梦中，也常常不忘习字。有天半夜，他梦中以手作笔，在夫人的腿上写起了字，夫人烦恼，一把推醒板桥，骂道："你写字么，就好好写你自己的字，怎么写到别人腿上来了！"板桥由此悟得书中三昧，自创"六分半书"。

曙师提醒：
板桥这事，虽是习书之道，但却是"因戒得定，由定发慧"的最好说明。

162

一早，牛粪与狗屎相遇了。牛粪鄙夷地对狗屎说："就算同样是屎，命运也是不同的。我生来就是为鲜花准备的，而你，永远只是等着被倒霉蛋踩。"狗屎笑了笑，回答说："对啊，不过，无论是谁，只要踩上一脚牛粪，也会一样觉得晦气吧？"

曙师提醒：
如果每日活在烦恼中，
被欲望左右，
尽管有些人拥有名利，
其实本质并上不比普通人高贵。

悬崖边上，长着一棵小松树。有一天，小松树看到了山下成片的树林，他对脚下的岩石说："同样是树，看看他们，结伴生长在富饶的土地上，可以有丰厚的养分滋润。而我，却只能独自一人，在狂风暴雨中，和你这冰冷的岩石作伴！"岩石笑了笑："傻孩子，只有这样的孤寂与冰冷，才可以成就我们与众不同的坚强啊！"

曙师提醒：
热闹处不作热闹想，清净时莫著清净相，火中莲生，处处清凉！

164

一个人，如果处身迷雾里，前没有方向，后不知退路，
那么，干脆停下来等一等吧！因为，只要太阳出来，迷雾自然就会散却。

曙师提醒：
处在困惑和迷茫中的人，
无论前进或后退，坚持抑或放弃，
可能都是情绪化的判定。
此时，不妨先让自己平静下来，
当内心的真实智慧生出时，
自然方向明朗，困惑顿消。

165

佛陀时代,有一位演若达多。
晨起照镜,忽然生起疑惑:
"为什么我可以清楚地看见镜中人的面目,而却看不见自己的面目呢?"
即此一念,他以为自己的头丢失了,到处狂走觅头!

曙师提醒:
外境本是我们自己内心的投射,
我们却执着地向外驰求,这与演若达多何异?
所以佛说:"狂性顿歇,歇即菩提。"

166

曾作此偈：
"石头压草草更生，一声佛名益千尘。
念到一念回光处，识取谁是念佛人。"
劝人烦恼时多念佛号，
此君反问：念佛何用？

曙师提醒：
以此一念佛号，换君一念妄想，
以此万千佛号，换君万千烦恼。会么？

167

月挂中天，不因乌云之出现，
光明而有增减，便有增减，也是我们的眼目自被乌云欺骗；
月在寒潭，看似放光无碍，
一波才动万波随，水中捞月，终究了不可得。

曙师提醒：

自媒体时代，常有好事者编纂许多毁訾僧宝的段子，
也有人急于出来辩驳，那固然是很好的。
可清净僧德，如月在天，又岂是几个毁誉段子，
而能动摇半分的呢？

168

有人问皈依,吾有偈来答。

曙师提醒:
外在三宝佛法僧,内有三宝觉正净。
说外说内皆方便,性相一如真皈敬。
觉而不迷是佛性,正而不邪中道行。
清净和合莫能染,刹那皈依即菩提。

169

道济禅师，也就是民间传说的济颠和尚，有一首诗：
"几度西湖独上船，篙师识我不论钱。
一声啼鸟破幽寂，正是山横落照边。"

曙师提醒：
要知"济公"颠不颠，
请看山横落照边。

170

六祖惠能大师在《坛经》中说:"心平何劳持戒,行直无须参禅。"于是很多人不去反问自己的心平不平,自己的行直不直,反倒把这句话当作不必持戒、不必参禅的理由了!自己这样,也就算了,遇到严禁毗尼、精进禅观的,还以六祖的话训斥别人。

曙师提醒:
同样一句话,用好了是活人剑,救活自他的慧命;
用不好,就是杀人刀,杀死自他的法身!

人们久居闹市，便憧憬田园生活，可真要置身田园，三五日尚可，多了，便觉乡下实在不便；久住乡野，便恋慕都市繁华，可真要置身五光十色，难保不当即迷失。

曙师提醒：
其实说到底还是我们自己的内心难以安住，这样的桥段在电影《甲方乙方》里多次出现，我们往往一笑了之，却不知常常置身其中。

172

藕益大师在《金刚破空论》中说：
须知即一著衣，便具惭愧忍辱功德之衣；
即一饭食，便具禅悦法喜出世之食；
即一行乞，便知如来行慈悲行；
即一趺坐，便知如来坐法空座。
是故一一行门无非实相。

曙师提醒：
修行不在别处，即此衣食住行。

经云：
"刀口舐蜜，蜜在刃头。虽有滋味，已近割舌。"
一个人在刀刃上舔蜜，
虽然能尝到甜头，可是却忘了割舌之患。

曙师提醒：
我们沉浸在自己贪嗔痴中，
追逐短暂的欲乐，
可到头来，终究是轮回的摇篮，烦恼的温床。

174

佛说八苦，八苦之中：
"求不得、爱别离、怨憎会"，
三者就像一个魔链一般。

曙师提醒：
愈是求不到的，愈是辗转难寐；
愈是喜爱的，终究难免别离；
愈是憎恶的，却愈会相会。
真正是：不是冤家不聚头哦……

多年前，我曾挂单某寺。有天将晚，恰巧碰着有几人在放生池电鱼，寺僧只是好言相劝："放生鱼也要吃，难道你们不怕因果么？"偷鱼人不仅不听，还把寺僧给打了！我当时正在客堂，听说后马上操起棍子，带着其余僧众，冲到放生池边，喝道："一群狗东西，再敢动手，我先把你们给放生了！"那几人顿时作鸟兽散！后来这寺当家僧责备我说："你看你这脾气，出家人不知道忍让，别人要把我们当恶僧了！"当晚，遂起单。

曙师提醒：

惭愧，遇到这事，我是决计不会忍的。

所以，到如今，依旧是个恶僧……

176

天下的父母，生育了子女，无一不希望子女们一生平安。
有的父母，甚至恨不得一辈子守护着子女。
但人生路怎么走，还需自己亲自完成。

曙师提醒：
十方诸佛，无一不希望我们入佛境界，
如果可以，佛恨不得代替我们觉悟成佛；
但成佛之路，却只能靠自己完成。

人问赵州：如何是佛法宗旨？

州回答：诸恶莫作，众善奉行。

那人听后大笑：老和尚别骗人，这道理连三岁小儿都知道。

州也大笑：三岁小儿都知道，八十老翁行不得！

曙师提醒：

儒家有："半部论语治天下"，

佛家有："一句弥陀作大舟"，学习这件事，

无论世法佛法，多闻莫如致用。

178

曾有一位法师，劝导我说：
"我若是你，除了大殿，其余殿堂一律改成讲堂，
每天只讲经，数年之后，必定教席大盛！"
法师悲心切切，
我不便反驳，只好笑答："法师，下次找机会，请您来讲讲课吧！"
次年，法师应请而来。
一座下来，听众跑了一大半！
问原因，答曰："家里忙，还要赶去接孩子放学！"
他终于感慨："这里的佛教，发展真正不易啊！"

曙师提醒：
同觉寺地处城郊，
不在都市，
不同山林。
"大海虽广，不舍涓流！"
所以，
这里弘法，
一定不能只用一种方法，
而要照顾到各种根性的众生，
要因地制宜。

179

古人说"有意栽花花不发,无心插柳柳成阴",
似乎刻意做事,往往不能成功,不经意间往往事情成就。

曙师提醒:
"诸法因缘生,缘尽法还灭。"
世人理解的随缘,往往是消极的"随便"!
从初发心,到各种条件具备,再加上时机成熟,才能引导结果,
这是完整的随缘观。
所谓:"有缘顺缘,无缘随缘。"尽心随缘,
才是佛教做事的标准。

般若波羅蜜
坐忘圓通小品也
甲子冬月 戫

180

过去有一人,远赴海中,捞取水沉,花了一年有余,才积得一车。可是到了集市上贩卖的时候,却发现根本没人识货,时间久了卖不出去,他逐渐心生疲厌。有一次,有人卖炭,销量居然很好,他便自以为是地把沉香烧作了木炭,拿到集市上,果然很快就卖了出去!可是他却忽略了沉香和木炭的价值,是远远不一样的!

曙师提醒:
我们都是注重眼前,不计长远的人,
就连修行,想的也是快快有感应,速速出成果。

当人们的面前，出现一座大山的时候，
有的人选择翻山而过，有的人选择绕路而行，
还有的人，就此止步不前。

曙师提醒：
很多学佛人遇到困难，
总以为自己"业障深重"，
其实吧，凡夫都从业力来。
这玩意，可以是障碍，也可以是资粮。

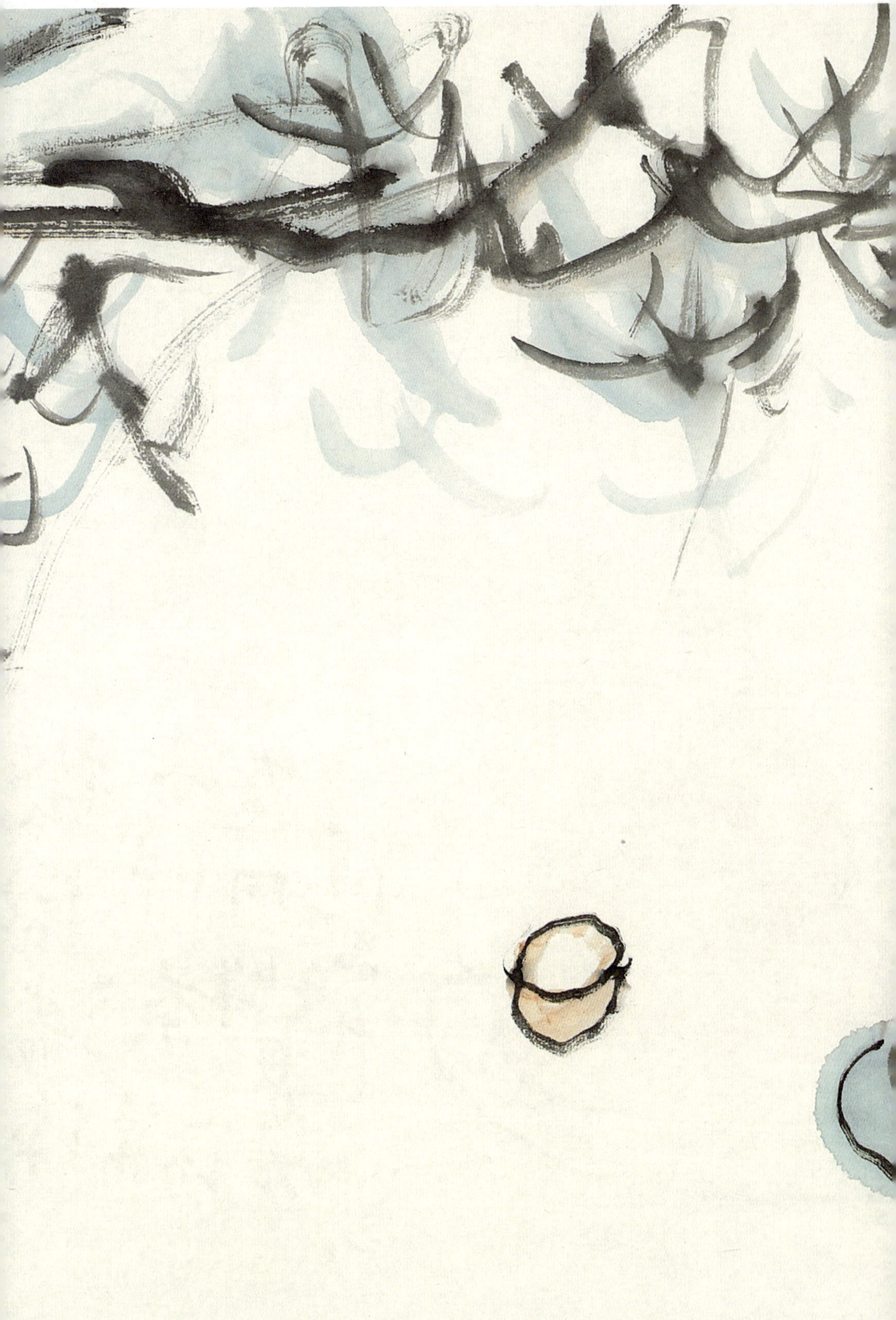

松風清淨一味禪，茶水以咖啡代之，品茗也。
甲午小暑

182

少时饭量大,且吃时速度快,名曰"囫囵吞"。有同参大额头兄,每当我饭时,总欢喜看我吃。某次,被他看得不自在,便笑着对他说:"看啥看啥?我吃饭又看不饱你!"大额头笑道:"不是啊不是啊,我是有厌食症的,只有看你吃饭,我才能胃口大开!"

曙师提醒:
天台一宗,倡导"一念随喜",见到别人行好事,
哪怕能生起一念随喜心,则解脱种子种下,与行好事者,功德无二。
原来,看,真的也能看饱的!

世界：
世是时间，界是空间，
时间空间形成的界限，便唤作"世界"，
这就好像一重重的围墙，
隔开了过去未来，隔断了南北西东。

曙师提醒：
寺院里，寺院外，看似两个世界，
可一重围墙，怎么可能隔得断人心的烦恼呢？

184

平等，
是很多人的梦想与追求。

曙师提醒：
佛陀主张的"众生平等"，
是指自他不二的佛性平等，
而不是一味要求别人的欲望平等。

185

谎言的谎，字面意思至少有两种：
一是说不实的话，荒唐的话；
二是不实的话说多了以后，必将被大众孤立不信任，
从此孤独，如处荒漠。

曙师提醒：
我愿从我做起，生生世世，说诚实语；
远离谎言，真实不虚。
南无观世音菩萨。

186

有一次,贤首宗法藏大师讲到《华严经》中"无分别心"时,武则天不解地问:
"都无分别心了,那岂不是世间善恶美丑都没有了么?"
法藏大师用八个字解决了武后的疑惑:
"美丑并现,心安如海!"

曙师提醒:
不识善恶美丑的,是石头;
被善恶美丑奴役的,是凡夫,
换作你,应该怎么办?

187

古语说:"人过留名,雁过留声。"

曙师提醒:
自媒体时代,"微信即道场,文字是心声。"人人可以随时记录、畅所欲言。
我们不妨常常回头看看,自己每天写在微信上的只言片语。
这些文字,其实就是我们的心迹流露。
写下某句时,我的内心是安住的、还是散乱的,是平和的、还是尖锐的…
即使善于文辞掩饰、又或者当时尚未觉得,
可过后一看,全部纤毫毕现、一览无遗!
这真是检点自己,是否平常心的好道场。

188

宋代的遇贤和尚，逍遥任性，不拘小节，人称"林酒仙"。他有一首名诗："扬子江头浪最深，行人到此俱沉吟。他日若到无波处，还似有波时用心？"船到江心，风高浪急，大家都知道全神贯注，唯恐失足；可是一旦风平浪静，便放心大意了，殊不知无风波时，却是暗流涌动，最风险处。

曙师提醒：
所谓"生于忧患，死于安乐"，
逆境，往往会让人成长；
顺境，反而更易堕落。

有个楚国人,看到书上说:"螳螂捕蝉的时候,喜欢躲在一片树叶下面,隐藏自己的身体。"他便天真地以为,只要找到螳螂隐身的这片树叶,那就可以实现隐身功能。当他拿着这片叶子,自以为已经可以隐身,并当着别人的面偷东西时,别人便把他当作小偷,扭送去了官府。这便是"一叶障目"的故事。

曙师提醒:

我们的所知,是有限的,未知世界,才是无穷的。

像我这样,执着于自己有限的认知,

好为人师且自欺欺人,

这就是佛说的"所知障"。

190

近来流行佛珠,来山僧俗,随身总不乏各种佛珠,所谓:沉香小叶,玛瑙珊瑚;金刚星月,翡翠天珠……养珠人们,口中说闲言,手里忙搓珠;谈笑风生处,眼窥他人珠。金银隔标配,白手套常备,说甚好包浆,一股老油味!美其名曰:"养珠专业户"!

曙师提醒:
明紫柏老人有一首偈:
"一线珠穿百八,偶然一珠堕落。何必物外追寻,即把觉迷添著。"
看来养珠专业户们的烦恼不是今天才有啊。

五线谱上跳跃的音符,
只有高高低低、起起落落才能构成华美乐章;
而这种种音符,
再怎么蹦,也蹦不出这始终不动的五根线谱。

曙师提醒:
人生就如这五线谱,
境界上的顺逆交杂,苦乐参半,
都应该动摇不了,这如如不动的平常心。

192

有一个公司的老总,请裁缝给自己量身定做了一套衣服,他穿上以后,觉得十分合适。他就以为,这件衣服实在是太好了,公司的所有员工都应该这样穿。于是大批量定做,结果员工们穿上以后一看,他才发现,每个人的身型不一,并不全都适合穿这件衣服。

曙师提醒:
有的人,阅读某部经典,或修持某个法门,尝到了点滴甜头,得到了一些利益后,便一味要求所有的人都修持这个法门,别人不认同,便武断地说人家没有善根、业障深重。他却不知道,每个人的根性不同,适合的方法也自然是不一的。

月有三德：
第一是圆满。我们形容佛菩萨是"佛面犹如净满月"；
第二是光明。月之光明，是非常地柔软随顺的，譬喻佛法的弘扬也应该是"润物细无声"；
第三是清净。从朔至望，虽有阴晴圆缺，但月体一尘不染，象征佛性清净。

曙师提醒：
又到中秋，祝大家的人生，都如这轮明月一般：光明、清净、圆满。

194

乡有俗语，谓"少吃几顿半夜饭，多吃几顿年夜饭"，
日出而作、日落而息，夜晚宜少食少动，养精蓄锐，是长寿之道。

曙师提醒：

佛教中，早上是诸佛菩萨的食时，中午是天人食时，晚上则是饿鬼的食时。根据我个人的经验，晚上少吃甚至不吃，至少有几个利益：1、利于禅坐用功。晚上如果吃东西，上座明显气滞，不利调息入定；2、利于消化。随着年龄的增长，人的消化能力减弱，晚上吃东西，会造成半夜醒来，凌晨1-3点，正是胃消化的活跃时间，这不是神经性失眠，而是胃叫醒了你；3、利于健康。人的吸收能力也是会随着年龄而弱化，晚上不吃，给身体充分的吸收时间，对健康更有利。

改革开放初,我师祖应邀至新加坡讲法。半座休息时,便至公共厕所小净。这时,大约三五位小青年,也在小便,见到师祖,大呼:"哇,原来和尚也要尿尿哪!"师祖听了,转头笑道:"要不然,您几位来替我?"

曙师提醒:

世间万事,无论吃喝拉撒,抑或菩提烦恼,纯自家事,便是佛来,也须亲自。

196

庄子钓鱼，楚王派人请他出来主政，庄子说：楚有神龟，已死3000余年，王将它珍藏供奉在庙堂之上。请问，龟是乐意死去留下骨骸以显尊贵呢，还是愿意在水里自由生活呢？使者说：当然乐在水中！庄子说：那您请回，我就是那只乐在水中的龟。

曙师提醒：
老、庄对于政治，采取的一向是远离的态度，这或许便是他们崇尚的"自然之道"吧！佛陀是王子出家，一生从未参与政治，可古印度当时的诸王，后来却大都成了佛的弟子，不仅护持佛法，且以佛化治理国家。这也可以看作佛、道之间，从根源处的不同吧。

弘一大师有诗：
"我到为植种，我行花未开。岂无佳色在，留待后人来。"
这首诗是大师将离惠安净峰寺的时候所写，看起来似乎是咏菊志别，其实包含了大师住世娑婆的愿力悲心。

曙师提醒：
我等佛子，都应以弘一大师为榜样，做一个合格的"佛法种子"的播种人。

198

某君欲知前生因缘。师答："汝前生是驴。"此君悻悻。师曰："莫急，汝虽是驴，然是好驴，因前生在寺，听经闻法，故此生为人，具足福德。"此君大喜，呼曰："难怪，原来我是头好驴。"师更曰："莫急，方才是逗你玩的。"此君大怒，道："和尚也可欺人？"师大笑："世人皆如此，说好便喜，说坏便怒，无人欺君，君自欺耳！"

曙师提醒：
一头驴子，便带着他，在前世今生走了一遭。
您还别笑他，我们的轮回，也是这样来的！

傳心

歸命釋迦尊
圓滿清淨覺

南無靈山
佛菩薩會上
乙未春和景明時
知堂空一寫

199

某日一君来寺，见面便问："现在和尚，都可食肉娶妻了吧？薪资不少吧？"我反问："先生曾见我食肉？"答："这倒没有。"我再问："先生有女朋友嫁给我了？"答："也没有。"我又接着问："先生给我发过薪资？"答："怎么会。"我说："那先生是怎么这么清楚僧家事的？"他答："听来的。"我笑了一下，问他："请问先生在哪里高就啊？"他答："小本饭店，自己经营。"我马上追问："用的都是地沟油吧？"此君怒道："怎么可能，胡说！"我笑答："我也是听来的！"

曙师提醒：
观世音入流返闻，
所以寻声救苦，
处处观自在；
我们出流逐声，
所以道听途说，
处处不自在。

200

一次，佛路过一个村庄。秋收之际稻米皆熟，于是大家都欢喜供养僧团，只有一人，不以为然地说："我们辛苦耕种，你们却不劳而获。"佛微笑着答他："朋友啊，我也是个种田的啊！众生心地是我良田，八正道法是我种子，僧团用精进之牛犁耕耘心地，当众生解脱烦恼，得大自在时，便是大丰收了！"这人闻说，欢喜信受。

曙师提醒：
农民有农民听得懂的佛法，官宦有官宦听得懂的佛法。
佛陀善教，应机施教是佛的大智慧。

某晨，我正候红灯，款款而来小两口一对，女叹："啊，有一位出家法师哎，要不咱和师父一起等红灯吧？"男答："别，这是个没出息的和尚。"女惊问："为啥？"我也很想知道为啥，但只好装作听不懂的样子。只听男高声答道："你知道佛教讲法无定法么，一个和尚连红灯都不敢闯，还能有啥出息？"

曙师提醒：

我当时顿生景仰，这位小哥儿，您这境界也忒高了点吧？

202

《百喻经》中有一则故事:"有一群人,议论某人,说:'此公虽好,唯独两个小缺点,第一是好发怒,第二是太急躁。'谁知这人正从此地路过,听到这话,立马生气了,拿住说话人便是一顿暴打!旁人劝道:'有话好好说,何故打人呢?'这人回答:'谁说我好发怒的,我做事哪里急躁了?'"

曙师提醒:
人人背后有人说,哪个人前不说人?
人皆有过,唯不自知尔!

203

少时村里有二乡邻，一位是普通的种地伯伯，因为遭遇过火难，所以面目很丑陋，但人却很好，虽然单身一人，可家里凡有好吃的，一定拿出来分给左邻右舍，决计不肯独享；另一位则是全村的大富长者，最先有了摩托车，最先有了电视机，最先造了四合院……长者生得慈眉善目，逢人就堆起一脸笑容，可他为人却十分刻薄吝啬，不但邻里关系不睦，连家中的子女，也常常争吵，夏天时，谁家小孩，要是想靠近他家院墙，偷看个电视，他必定会一边呵斥，一边放出家狗，追咬孩子。

曙师提醒：

《金刚经》说"不取于相"，世间万事就是这样奇妙，怒目的金刚往往有菩萨的悲怀，低眉的善人却常怀修罗的嗔心。

204

《华严经》说:"信为道源功德母,长养一切诸善根。"

曙师提醒:
我们信佛,并不是一味盲目崇信,
而是佛陀如实的言传身教,足以令我们深信;
同样,一个社会,一个团体,乃至每个人,要想得到"信",
不是一味地强调自己,强求他人,
而是要用实际的言行去令人增信。
人无信不立,商无信不兴,国无信不强,举世无信若何?

205

鹦鹉和乌鸦相遇了。笼中的鹦鹉，羡慕乌鸦的自由；野外的乌鸦羡慕鹦鹉的安逸。二鸟经过商议，便同意互换。得到安逸的乌鸦，因为叫声难听，不得主人欢喜，饱受冷落，最后抑郁而死；得到自由的鹦鹉，因为长期安逸，已失去独立生存的能力，最终饥饿而死。

曙师提醒：
不要羡慕他人的幸福，
也许那并不一定适合你。

206

古时候有个叫杨布的人，出门时穿着白衣，回家时却下起了大雨，杨布便脱下白衣，换了黑衣。这时，家中的狗，不认识他了，迎面便开始狂吠。杨布大怒，操起棍子就要打狗，哥哥杨朱赶忙劝他："打狗做什么呢？你试想，如果你的狗，出去时是白的，回来却成黑的了，你还能认得出么？"

曙师提醒：
遇到是非误解时，不必急于发怒辩白，
换位思考，也许原因恰在自己。

207

恭逢观世音菩萨成道日。菩萨寻声救苦是大悲；耳根圆照，反闻自性是大智。菩萨久已成佛，倒驾慈航是大愿；而观音法门特点则是普门示现，所谓随众生缘，开无量门，种种方便，利一切生，这是菩萨之大行。

曙师提醒：

普愿大众：常怀大悲心，运用诸方便；不舍众生苦，都能观世音！南无大慈大悲观世音菩萨。

208

古时候的南岐，其水甘而不良，长期饮用，必导致大脖子，所以这地方的居民，都是大脖子。某日，有客远来，乡民扶老携幼前来观看，看见这客人的脖子，大家都笑了起来："好奇怪啊！这人的脖子怎么这么细呢？这应该有病吧？"客人笑道："我没病啊，你们才是大脖子病，可以治的！"乡民们都说："我们的脖子历来如此，很好啊，治他作甚？"

曙师提醒：
深著世欲的人们，见到清心寡欲的修道者，也会感到很奇怪："人怎么可能没有欲望呢？我们都有欲望啊，这是人的正常需求啊！"却不知道，这些欲望，实际上是烦恼病的产物。

209

天堂地狱，其实不是佛教独有，而是诸教共法。

曙师提醒：
共法之中的不共之处，在于他教无法找到天堂地狱的决定者，于是安立一个"梵天"或者"神"来主宰他，神决定上天堂，神决定下地狱，那么谁决定神呢？这是个问题。
佛法认为：无论天堂还是地狱，没有一个实有的主宰者，纯是自心造作，就在一念之间！

210

人云：
有佛法，就有办法。
这办法便是：
山不转呀路在转，
路不转呀人在转，
人不转呀心在转。

曙师提醒：
心能转物，勿被物转。

某居士送来一只流浪狗,提为他取名"正见",人称"见见"。有一天我问:"见见呢?"禅小胖答:"睡觉呢。"我说:"怎么又睡,真是个小懒虫。"禅小胖看了我一眼,说:"师啊,是不是在你眼中,见见也得像我们一样,除了吃饭睡觉,还要扫地念经坐禅,才不算懒虫呢?"我一时语塞,竟然无言以对了。

曙师提醒:
常把一些不切实际的期望强加给别人,
并以此判定别人,这是我的问题。

212

佛说"缘起",是告诉我们:"诸事的成就,既要有一个好的发心,还要不断地创造和珍惜各种条件,时机成熟,自然瓜熟蒂落。这就是诸法因缘而起。"缘起就是我们的起心动念和一言一行的累积。

曙师提醒:
因缘而起,
可以成就一切,也可以破坏一切。
所以,要"多结缘,少结怨"。

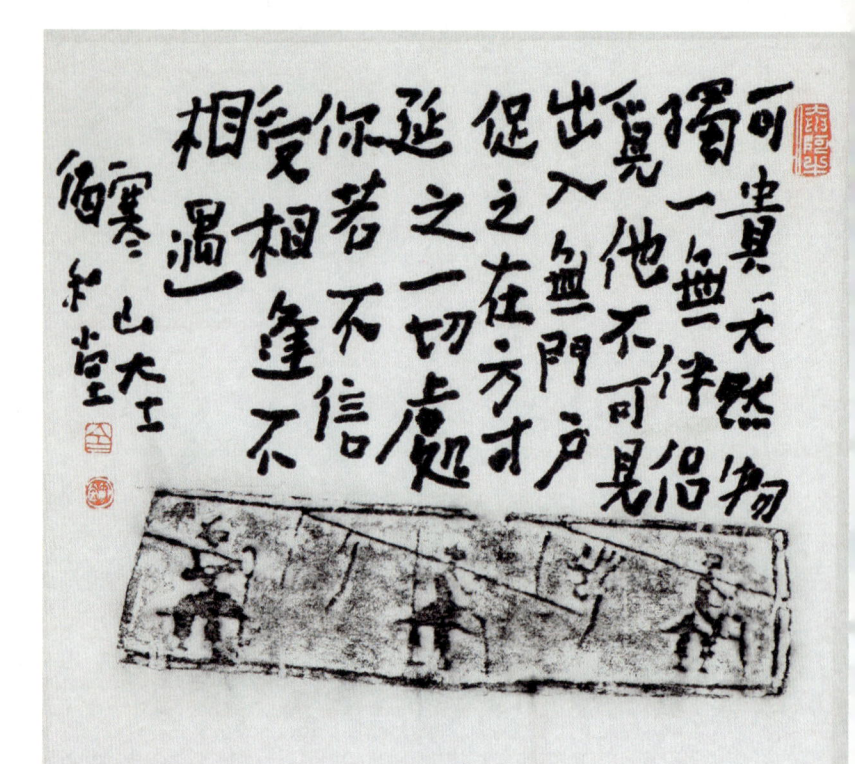

可貴其天然物獨一無伴侶覓他不可見出入無門戶促之在方寸延之一切處你若不信逢不相受相逢不相過

寒山大士偈

213

大雁遇到一只沮丧的乌鸦,乌鸦说:"我准备跟你去南方,这里的人并不喜欢我的声音。"大雁反问:"南方的人,就一定喜欢你的声音吗?想要获得别人的喜爱,恐怕您得先改善自己的声音吧?"乌鸦答:"我的声音与生俱来,独一无二,为何要改?"大雁答:"既然不愿意改变自己来逢迎他人,那又何必在乎别人的评价呢?"

曙师提醒:

此心安处,是吾家乡;
心若无安,处处流浪。

摩登伽女找到佛，要求佛允许阿难还俗与她一起。佛问："你爱阿难的什么呢？"摩女答："我爱阿难的所有！"佛便让人端来阿难的洗澡水，让她喝下去。摩女为难地看着佛，说："难道爱他，就一定要喝他的脏水吗？"佛说："你不是说爱阿难的所有么？这水再脏也是阿难的一部分啊，你爱的只是阿难外表的美，这能算全部的爱吗？"

曙师提醒：
爱一个人，当然不必非得喝他的洗澡水，佛只是告诉我们，我们的爱，更多的是表象之爱，占有之爱，片面之爱罢了。

215

周末,妈妈带着两个女儿到公园里玩,大女儿忽然哭闹起来:"妈妈,我想回去,这里并不好玩!"妈妈忙问原因,大女儿说:"这里的花儿,怎么都带着刺儿啊!"这时小女儿却坚决不同意回家,她说:"我觉得这里很好呀,这里的刺上,都开满了鲜花!"

曙师提醒:
境无高下,心有分别。

有二人，都认为自己的妻子才是最美的，由此争论起来，难分难解。这时，正好一位禅师路过，二人便请禅师评理，禅师笑了笑，指着其中的一个人说："这是好事啊，如果在他眼里，你妻子才是最美的，那就奇了怪了！"

曙师提醒：
一场纷争往往源于一念，转变一念即可息妄归真。

217

佛说苦圣谛，有三重意义：1、人的一生，苦乐参半，而凡夫执着欲乐，不觉众苦，所以应病予药；2、说苦的真实存在，并不是消极逃避，而是正视接纳，面对超越。所以佛说："以八苦为师"；3、世间苦乐的无常，正显非苦非乐涅槃之常。

曙师提醒：有的人，以美景为乐，可冬去春来，美景何曾常在？有的人以美人为乐，可青春易老，美人何曾常在？有的人以名利为乐，可名利得失，犹如火中取栗，何曾常在？有的人以天伦为乐，可聚散有时，何曾常在？无常之乐，终不免苦啊！

一君入城探亲，见一木桶，彩绘油漆很是漂亮，且配有盖子，于是便买了一个回家，用来装饭。半年后，城里的亲戚来看他，见他用这桶装饭，大惊："这不是个饭桶啊，这桶我们用作便桶的！"这人闻言，十分尴尬郁闷。

曙师提醒：
其实万物在其用，若无人说明，
他用一辈子也会心安理得，
就像这个色身，
善用便是成道器，不善用，也只是个造粪机。

219

有雌雄二鸟，共筑爱巢。果熟时，二鸟一同采回满巢的果子。不几天，果子风干，只剩下了半巢。雄鸟便以为是雌鸟悄悄吃了独食，就责备雌鸟。雌鸟觉得很冤枉，遂极力申辩。相执之下，雄鸟啄死了雌鸟。又过几天，一场大雨，果子被水浸泡，还复如故，巢又满了，但雌鸟已不在，雄鸟这时才后悔莫及！

曙师提醒：
聪明的我们啊，也常常迷于表相，忘失真相，不是么？

饥饿难耐时，如果有一碗饭，我们会吃得很开心；再添一碗，我们也可勉力吃下；若一碗接一碗，不断地强求我们吃，这便是苦了！

曙师提醒：
所以吃饭也是修行，饿死和撑死都不足取，
吃得恰恰好才是根本。
一味排斥外物和一味贪恋外物都不足取，
若能无心于万物，又何妨万物常围绕呢？

221

有一次，我师正讲《弥陀经》，有人问："师啊，可有减肥妙方？"师未及回答，一人抢白道："念佛呗，念佛自然身材好，念佛自然相貌好！"我师听了，便笑指背后的几尊佛像，笑问道："那这几个胖纸又怎么解释？"那人着急，反诘道："师误矣！这个只是佛像，佛本无相，您怎可著相？"师笑："你既不著相，那你念佛要好身材好相貌做什么？"

曙师提醒：
一声洪名超十地，
念佛不是万能滴！

鸭妈妈带着鸭群过河。过河之前，妈妈吩咐道：我们一行拢共10人，大家相互照顾，到了对岸我们再点数..过河之后，妈妈点来点去，却只有9人，妈妈很着急，认为一定是过河的时候有人被冲走了，这时一只鸡正好路过，笑道：莫急，我看你数来数去，把自己数丢了吧？

曙师提醒：
我们忙来忙去，
关心别人的时候，
也常把自己忙丢了吧？

223

初吃茶时，由于茶类繁多不能辨识，如刘姥姥进大观园，所以人云亦云有甚喝甚；稍识茶性，便择优去劣，吃某茶，用某壶，与某喝，在某处等皆精益求精，力求完美；及茶道浸淫多年者，明了茶无好坏，心有高下。于是随缘任运，不再为外物左右。

曙师提醒：
不过一杯水，
能解渴便好啊！

灵岩山寺明学长老，是教界耆宿，老人家德高望重，90余高龄，凡事仍然亲力亲为。有一次，有居士问："老和尚，灵岩山是净土宗道场，您又是灵岩山的方丈，可我怎么从来也没听到您念过佛呢？"老和尚看了看这位，说："念佛念佛，自己念自己听，又不是要念给别人听。"居士大悦，合掌礼拜！

曙师提醒：

灵岩家风，遵印光法师教导之"心念、口演、耳闻"之念佛法，

要求声声入耳、历历分明，

实在是融大势至菩萨念佛圆通与观世音菩萨耳根圆通，

二圣法门于一体的微妙法门啊！

225

周利盘特，曾是佛弟子中最笨的一位。佛讲法义，他无法领会；佛让他念佛，他前学后忘。盘特每天负责扫地，所以佛只好教他念"扫尘除垢"四字，即便如此，他念"扫尘"时，还是会忘了"除垢"，好久好久，才终于学会。但他一心精进，后来也证道了。

曙师提醒：
佛法的修行，
主要是用心，与知识、经验、思辨等并无直接的关联。
所以《遗教经》说：制心一处，无事不办！

有二人，相约见佛。甲曰：我当努力攒钱，造一大船，食用齐备，届时从水路捷径，速得见佛！乙只笑笑，拿起一竹杖，一钵一芒鞋，一路而去。3年后，乙已礼佛归来，甲还在攒钱，甲颇疑惑，问乙："见到佛了么？佛都对你说啥了？"乙笑答："佛在灵山莫远求，灵山只在汝心头。人人有座灵山塔，好向灵山塔下修。"甲听后郁闷至极，他已经不知道，见佛这件事，到底是去，还是不去呢？

曙师提醒：
修行的路上，其实并没什么捷径，也无需太多准备，走好脚下每一步，佛就在你眼前。

227

源律师问慧海禅师：修道人如何用功？

慧海曰：饥来吃饭困来眠。

源律师疑惑：这有什么特别的，人人都一样啊。

慧海曰：那不一样，人们吃饭的时候不肯吃饭，百种须索；睡觉的时候又不肯睡觉，千般计较。这怎么一样呢？

曙师提醒：

修行就在日用中，所以道不远人；

可我们日日用而不觉，所以认为道既遥远且神秘。

龙树菩萨依据《四随禅经》，总结出：佛以四法遍施众生，令成佛道，所谓"四种悉檀"。

曙师提醒：

一、世界悉檀：顺世间凡情，说生死涅槃，令闻者欢喜信受；

二、各各为人悉檀：审众生根性，说各人所需法门，令生正信，增善根；

三、对治悉檀：对嗔者说慈悲，贪者说不净等，因病施药；

四、第一义悉檀：机缘既熟，便为众生说诸法平等实相，令一切众生开示悟入佛之知见。

229

"若言琴上有琴声，放在匣中何不鸣？若言声从指上出，何不与君指上听？" 东坡有次听琴，悠远的琴声让他沉思："琴声悦耳，若从琴本身发出，那么放在琴匣中的时候为何不响呢？如果琴声是出自于弹琴者灵巧的手指，那么欣赏她的手指便可以了，又要琴做什么呢？"

曙师提醒：
有一次，看宗舜法师弹琴，我就纳闷了："这同是人，同有十指，怎么琴到他手里，就那么动听呢？"后来我终于想通，原来我根本不会弹……

弟兄二人家贫，合伙买鞋一双。二人商定：白天哥哥穿，晚上弟弟穿。白天的时候，哥哥心想："鞋钱有我一份，我应当整日尽力行走，以免浪费。"到了晚上，弟弟心想："鞋钱也有我一份啊，我应该整夜尽力行走，才不至吃亏。"不久，二人日夜行走，不但把鞋子走坏，还因为缺少休息，身体崩溃了。

曙师提醒：
众缘和合一切才能成就，各怀私心万事岂可长久？

231

夜来得一梦，有君拜文殊："欲求大智慧，考个好分数！"
文殊忙摇手："你的这件事，恕我不能顾。"
此君惊问道："这是何缘故？"
文殊慨叹曰："吾不会化学，亦不会代数。吾若替你考，只能零分数。"
此君正茫然间，一师忽然闪出，高声叫道：
"我有真言，奉送仁者，常常念诵，逢考必过！"
此君大喜，忙叩拜道："快说快说！"
这师朗声笑道："菩萨保佑，自己奋斗，哈哈哈哈哈哈……"

曙师提醒：

每年的高考，都寄托着莘莘学子们梦想。其实漫漫人生路，何处不是考场呢？步入职场，社会是考场；悲欢离合，情感是考场；喜怒哀乐，心态是考场；生死大事，轮回是考场……我们礼拜文殊，其实是学习文殊菩萨的大智慧，在面对人生的每一次考试时，都能坚定信心、从容面对。手执智慧剑，脚跨勇敢狮，变考场为道场，转烦恼得清凉！

232

炎炎夏日，一只蝉在树梢不停地叫："知啊，知啊。"鹦鹉很是厌烦，便对蝉说："你翻来覆去就这么一句，烦不烦？能不能叫出点新意呢？你看我，别人说什么，我便能学什么，多巧。"蝉听后微笑地回答："是啊，我的叫声虽然单调，但毕竟是我自己的；你叫得虽巧妙，但有哪句是自己的？"

曙师提醒：
你们说说，清晨即起，
每日提醒的我，是那只蝉呢，还是这只鹦鹉呢？

有一次，佛将随色宝珠问五天王："此珠何色？"五天王便各自说青、黄、赤、白等色。佛将宝珠藏入袖中，又问他们："此珠何色？"五天王各各茫然，不知所措，大家问佛："您手中此时并无宝珠，那色又从何而来？"佛曰："看到世间宝珠，你们便认得各种颜色；这会儿给你们展示自性明珠，你们个个本有，却反而不认识了！"

曙师提醒：

"我有明珠一颗，久被尘劳关锁。今朝尘尽光生，照破山河万朵！"宋朝的茶陵郁禅师，摔了一跤，而悟得这颗明珠。

亲们，你们的宝珠何在？

234

马祖道一禅师悟道之后,有一次回乡弘法。乡亲们听说有高僧来了,便争相来看。正热闹间,溪边一老婆婆忽然高喊:"我还以为什么高僧呢,原来是隔壁马簸箕家的小簸箕啊?"原来马祖幼时家贫,曾随父亲做簸箕贩卖!大众一听,须臾散尽。马祖于是笑作一偈:"得道莫还乡,还乡道不长。溪边老婆子,呼我簸箕郎。"

曙师提醒:
外来的和尚好念经,
这就是传说中的"灯下黑"。

235

庄子说："君子之交，其淡如水。"

曙师提醒：

益友如水，水性湿润，润泽人生；益友如水，水味平淡，不尚虚荣；
益友如水，从源至海，更不舍弃；益友如水，心量广大，万物能容；
益友如水，水清月现，真诚坦荡；益友如水，水柔克刚，以智谏强；
益友如水，水滴成河，渐成道业；益友如水，水澄如镜，鉴自不足。

236

国王问佛："人死就如灯灭，对吗？"佛反问："大王3岁到60岁，见到的恒河有不一样吗？"国王回答："岁月虽然让我变老，但所见恒河没变。"佛又问："王3岁时肤色润泽，60岁时却发白面皱。请问大王，您的皮肤变皱了，能见到恒河的'见性'会皱吗？"国王回答："这个怎会皱？"佛陀回答："所以，变化之中也有不变，身体会经历生死之变，可佛性却不生不灭啊！"

曙师提醒：
轮回的主体是业识，这是就染而说；
如果彻悟生死，超出轮回，这个就唤作佛性，这是就净而谈。
所谓染净，其实不二，佛性业识，非有非无。
执着于灵魂不灭，牛死后即牛，人死后即人，这是常见；
执着于人死如灯灭，这是断见。
离断常，不生灭，这时佛见。

237

有个性子特别慢的人，有一次冬天和人一起围炉烤火，见人家衣裳着火，便对那人说："有件事，我看了很久，说呢，怕你性急，不说呢，怕对你不好，你告诉我，我是说还是不说呢？"人家便问他何事，他于是一本正经，慢慢腾腾地说："我发现，你的衣服着火了！"那人听了，赶忙收衣灭火，骂道："为何不直接说？"这人笑道："我说你性子急，果然吧？"

曙师提醒：

所以，性子这东西，急了固然不行，但太缓，也未必是好。

富楼那要到输卢那弘法，佛问："那里的人刚强难化，如果骂你，你应该怎么办？"富楼那回答："不要紧，至少他们还没打我。"佛又问："若他们扔石头砸你呢？"富楼那答："不要紧，至少他们还没杀死我。"佛接着问："若他们真的杀死你呢？"富楼那回答："不要紧，为法忘躯，死而无憾！"后来，富楼那在输卢那的弘法非常成功。

曙师提醒：
心怀不要紧，勇敢往前行。

239

善生每天朝着东南西北上下六方礼拜，
认为这样就能获得幸福，佛便告诉他六敬法：
1、孝敬父母令常欢喜；2、敬重师长，接受教导；
3、夫妻互相敬爱；4、对待朋友诚实互敬；
5、恭敬僧众等一切修道人；6、对待助手要宽敬，不令过于辛劳。

曙师提醒：
这六种人就在我们的身边，
大家互相礼敬，才是幸福之道，
仅靠礼拜，怎能幸福呢？

240

我的家乡有句俗语,管睡觉叫"摆球",意为睡觉时,头便像球一样摆在枕头上。

曙师提醒:

过去喊了多年,一直不解这样比喻的用意。

后来有一天我忽然明白:原来佛法广大,并不在别处。

这就是说:"不管你官有多大,钱有多少,学问多深,多么牛叉,到睡觉的时候,也只是个摆在枕头上的球罢了!"

241

星宿仙人遇到佛,
佛问他：若星宿决定命运,为何同一天生的人那么多,
却有贫富贵贱的差别呢？若是星宿决定命运,
礼拜他就可以了,你劝人修善又能改变什么？
星宿仙人不能回答,
佛对他说：命运是我们生生世世身口意业的累积,
决定命运的就是我们自己,改变命运的也是我们自己啊！
仙人皈依佛陀,不再算命。

曙师提醒：

民间喜欢烧纸钱，其实这完全是老百姓的习俗，代表着子孙对祖辈的哀思和良好的祝愿。

事实上，如果我们堕落在地狱成了饿鬼畜生，烧再多我们也用不了，忙着受苦消业，实在没地方花；

如果我们上升天道，自然享受天福，这纸钱你也看不上；

如果我们再来人间，你得努力工作，用可以通行的货币，而不是山寨版的冥币。

所以，多行善事，为将来培植福德才是正道。

242

天台智者大师略说善知识有三种：
"外护、同行、教授"。

曙师提醒：
外护者，指从外护持，经营供养，使能安稳修道；
同行者，行动与共，如同舟客旅，相互策励，不相扰乱；
教授者，善巧方便，能说般若，通塞妨碍，释疑解惑。
另外呢，修行中如遇障缘恶友，也应当视作善知识，
因为他们，可以从另一面勘验我们的修行，如提婆达多是佛善知识。

243

过去有夫妇二人，上奉老母，下有一子。老母亲常年病患，时间久了，二人渐生厌烦，便私下商议："这病看来难好了，最后连累的是我们。不如趁现在大半夜，以车载之，推入海中，无人知晓，岂不大家轻松？"入夜，二人推着母亲来到海边，正准备连车带人推下去的时候。他们的儿子忽然出现了，小孩子叫道："奶奶丢海里是可以的，不过呢，车子应该带回来。"夫妇二人惊问何故，小孩子说："这车当然得留着，二十年后，好再推父母大人来这儿啊！"……

曙师提醒：

父母是孩子最好的老师，言传身教，身大于言。

歇即菩提癸巳秋月之撝題

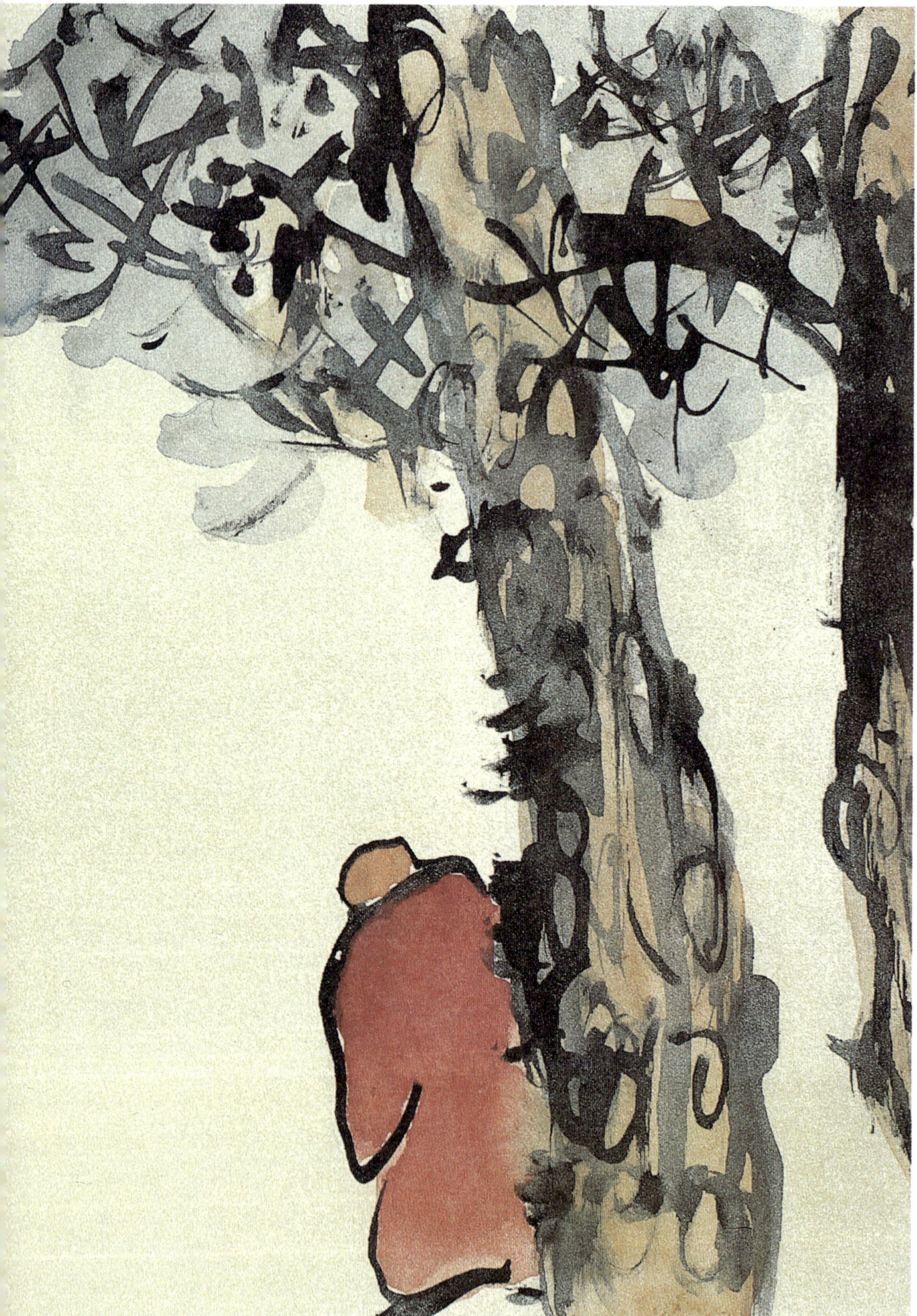

244

有一头牛,昼伏夜出,吃得又肥又壮。驴看到了,便很羡慕,央求牛也带他偷吃。半夜,牛带着驴来到了田里。看着青苗嫩嫩,驴越吃是越开心,便欲扯开嗓子歌唱。牛实在拦不住,便说:"你且忍耐片刻,我让远些,你尽情唱吧!"驴见到牛走远了,便再无顾忌放声大唱!这一唱,把梦中看地人给惊醒了,驴束手就擒。

曙师提醒:
得意忘形的人,常常口不择言。

245

佛路过优楼频罗迦叶的住处。迦叶以拜火为宗，智慧超群，弟子众多。佛向他借宿，迦叶说："空屋倒有一间，但有喷火毒龙，恐伤汝命。"佛心无挂碍，便坚持住了进去，是夜火光焰天，大家都以为佛必死无疑。次日，佛从石室安然走出，迦叶及众人都很惊奇，佛笑着说："贪嗔痴火，常烧自心。自心清净，外火怎侵？"迦叶于是叹服皈依。

曙师提醒：
现在我们虽然没有遭受火难，
却时时在自己的贪嗔痴火的煎熬中，而不自知。

246

猩猩好酒，猎人在道旁摆上美酒，欲诱捕之。猩猩乖觉，早知诡计，便于树梢远观，久之私议道："不喝白不喝，只要不醉，便不会上这些傻子的当了。"于是开始小酌，继而又觉不过瘾，乃开怀畅饮至大醉，醉后一个个颠三倒四，原形毕露。此时猎人出现，猩猩无一幸免。

曙师提醒：
我们常常认为自己很有定力，
在世间的欲望面前可以收放自如，
可一旦深陷其中，便再难自拔，
我们都是大猩猩。

有一段时间，我只要讲座，就有一人必来听讲，我心中暗喜："原来我也有忠实粉丝啊！"某日讲毕，大众尽散，这人独自朝我走来，朝我闻讯道："感谢和尚，我一向失眠。来到这里，偶然发现，您讲法时，我竟能不知不觉入睡。如此数般，失眠顽症居然治好了。今病已愈，所以特向和尚告别！"……

曙师提醒：
从此，同觉流传着"曙师会治失眠症"的传说，好吧，我讲，你们睡！

248

蜘蛛对蚕说:"你终日吐丝,却作茧自缚,最后被人抽丝剥茧而丧命,虽有巧技,却反害了自己,蠢不蠢啊?"蚕回答:"我固有一死,但我的丝却被做成美丽的衣裳,庄严了别人。你虽然也吐丝,却成为蜂蝶小虫丧命的罗网,虽有巧技却专为害人,残忍不残忍?"蜘蛛不以为然地"嗤"了一声:"为别人?说得好听。我宁愿为自己!"

曙师提醒:

初出家时,先师觉真长老说过:
"毫不利己专门利人是菩萨,毫不利人专门利己就是凡夫!"

"掉举"被认为是障碍禅修的一大烦恼，但"掉举"却不独在禅修，生活中随处可见。智者大师略举三种：一、身掉举，喜好游走，坐立不安；二、口掉举，常喜吟咏，好争是非；三、意掉举，心生放逸，妄想丛生。

曙师提醒：
龚琳娜女士演唱的《忐忑》，
就活脱脱地把"十五个吊桶打水，七上八下"的掉举状态，
演绎得淋漓尽致。

250

道法自然，并非随波逐流，放任懈怠，而是说向自然取法。譬如，取法乎天：晴时总有人望下雨，雨时总有人望放晴，天只有一半人缘，我又岂能尽如人意？取法乎地：大地能容一切物，无论屎尿痰唾，所有不净悉皆甘受，天地如此，况我等呢？

曙师提醒：
人生如是，毁誉本来参半，大可宠辱不惊；
凡事恪尽其力，结果自然随缘。

有一富人,喜欢随地吐痰。左右为邀宠,当痰快要落地时,左右便争着踩掉。其中有一位,反应比较迟钝,每次都抢不过别人,他便想:"已经在地上的痰,我固然是抢不过的,那么等他要吐的时候,我便踩掉,还有谁能比先更快呢?"于是,当富人再欲吐痰的时候,他立马飞起一脚,直接踹到了富人的嘴上。

曙师提醒:

国人中不乏欢喜众星捧月者,
领导为下属提供前程,下属为领导提供服务。
做领导的出问题,往往又都是身边人惯出来的。
千万小心,可不要拍马屁拍到马腿上哦。

252

人问：随处即禅，为何又要静处坐禅呢？
龙树菩萨在《大智度论》中说：
"譬如燃灯，灯虽能照，在大风中难以为用；但如果置之密室，其用乃全；散心中之智慧也是如此，若无禅定，智慧难全其用。"

曙师提醒：
戒定慧三学亦如是。
静室燃灯，譬如持戒修定，灯能朗照，譬如因定生慧。
三学增上，其用全矣！

253

有一次，佛于忉利天，为母说法 90 天方回，四众无不忆念。会中有莲花色比丘尼欲先见佛，便以神通变现大梵天王，众军围绕，于大众前最先礼拜了佛。

佛却告诉她：

"你虽然先见到佛的色身，但端坐洞中，并未远迎的须菩提，时刻念佛法教，观诸法空，他其实才是最先见佛法身的人。"

曙师提醒：

又到了一年一度的佛诞，愿大众浴佛礼佛的时候，观诸法空，不离本性，早见佛陀法身！

254

宋孝宗到灵隐寺，问辉禅师："这飞来峰，既已飞来，何不飞去？"师曰："也免折腾，一动不如一静。"孝宗旋至大殿礼佛，见观音手执念珠，又问："菩萨手执念珠，念什么呢？"师答："便念观音菩萨。"孝宗大疑，便问师："莫胡说，天下人都念他，他却念自己作甚？"师大笑："求人不如求己啊！"

曙师提醒：

"反闻闻自性，性成无上道"，是观世音菩萨的耳根圆通；

"寻声救苦，普门示现"，是观世音菩萨的大慈大悲；

"随缘赴感靡不周，而恒处此菩提座"，是观世音菩萨的如如不动，

各位，观音念观音，诸位又念谁呢？

一年一度的母亲节，愿天下所有母亲吉祥安康！
人爱其母，想来也是毫无问题的。
但是，我们能否也尊重一下别人的母亲呢？
人们在不知不觉中，言行常常伤害到别人的母亲！
例如网上随处可见的国骂，生子不易，过何有之？

曙师提醒：
愿大家都远离国骂，文明上网，不再伤害天下所有母亲。

256

听说，东南亚有捕猴之法，于树梢固定笼子一只，笼开一口，仅容一手探入，笼内放置椰子一个，猴伸其手，若抓住椰子，手便无法收回；放下椰子，手便安然抽出。惜乎！大多猴子都是拿着椰子被捕的，猎人则轻松得手。

曙师提醒：
三界之笼，自己造就；妄想执着，犹如椰子；
所谓猎人，即是无常；所谓猴子，纯是我等啊。

257

明代传记法师,性好独居,常诵《法华》,每有瑞应,默而不言,世称"法华和尚"。晚年的时候,很少诵经,常为人搬水运柴,有人质疑他:"和尚也作这样的有为功德么?"法师高声回答:"无为岂在有为外乎?"

曙师提醒:
善知识们,莫要被生活绑住了身子,
也莫要在生活外更求无为啊。

258

有一人，字不怎样，还喜欢为人题字，人皆十分无奈，却又都不愿说破，他这样沾沾自喜了多年。某日，有客来访，随身折扇，一面尚有留白，此君见之，便欲题字。客闻言，忽跪倒，此君边扶边说："只是为你题一幅字，何必拜求？当不得，当不得。"客曰："我跪不是为求字，而是求您别写啊！"

曙师提醒：

梦幻泡影，人皆有之。
若不自破，终被他破。

尔时，舍卫城有清洁妇人，每日扫除十分辛劳。因长期处污，故衣服很脏，气味难闻，人们便很厌恶她。佛却经常为她讲法。人们便责问佛："你口说清净之语，教人清净行为，却怎么和一个如此脏的人接触呢？"佛陀回答："没有她外表的脏，哪有这城市的洁？她是脏在外相，洁在内心；你们是洁在外相，内心肮脏。"

曙师提醒：

常见路边冒着严寒酷暑，收拾着各种各样垃圾的环卫工人，在很多人眼中，很可能这只是一份不屑从事的职业，可对于一个城市而言，却无论如何也少不了她们。请大家善护己心，注意公德；身心环保，人人有责。

260

有一童子，早上起来，问对面的山："你是谁？"大山也反问道："你是谁？"童子说："是我先问的。"山也回答："是我先问的。"童子大怒："小心我打你！"山也怒了："小心我打你！"童子恐惧，回去告诉妈妈说："对面那座山，太无礼了，不告诉我名字也就罢了，还要打我！"妈妈笑道："你不妨试着对他笑一笑看看？"童子便对着山大笑三声，山也回应了三声大笑，这下童子欢喜了。

曙师提醒：
我给世界什么，世界便给我什么。

唐代的飞锡禅师说："世人多以宝玉、木槵等为数珠，我以出入息为念珠。"他认为："含齿戴发，死生交际，未有无出入息者；随之于息，有大恃怙，安惧一息不还，即属后世哉？"

曙师提醒：
呼吸是我们最亲密的朋友，人人都有，时刻不离，可我们却常常忘记他。与其向驰求，不如安住呼吸，安住呼吸，就是安住此心。

262

牛、羊和猪一起无忧无虑滴生活,很是惬意。某天,猪被人抓住,猪大声求救,拼命挣扎。牛和羊笑道:"不要大惊小怪,我们也常被抓,我们从不叫唤。"猪反驳道:"这是两回事,抓你们,多半是为了挤牛奶或者薅羊毛,可抓我,纯粹就是为了要命啊!"

曙师提醒:
处境不同,感受不同,
即使帮不上什么忙,也万不可幸灾乐祸啊。

263

佛法是活泼的，非教条的。面对自身遭逢之顺逆境，具足安忍是必须的，不明者可看佛往昔节节支解事；面对众生遭遇之大苦难，同体大悲也是必须的，不明者可看佛往昔割肉喂鹰事。所以佛教里既有超然之隐者，也有入世之菩萨；既有欢喜之罗汉，也有怒目之金刚。

曙师提醒：
否则，纵有修行，
徒成枯木，
众生要你何用？

264

修止之法，智者大师略说三种："系缘、制心、体真。"

曙师提醒：
系缘止，将心安住某一缘境，久之水清自然月现；
制心止，起心动念，随起随制，
吃饭时清楚觉知吃饭，走路时清楚觉知走路；
体真止，直彻心源，了知一切烦恼，
本来无性，所谓罪福，不过水月空华。

265

刺史李渤，问智常禅师："须弥纳芥子尚可理解，芥子纳须弥，似乎太玄妙，小小芥子，如何能容大须弥山？"师微笑反问："据说刺史书读万卷，不知真否？"渤自谦："惭愧，这是虚名哪。"师接着问："那这万卷书，现在哪里呢？"渤以手自指："当然都在这里啦。"师笑："从头至脚，不过区区三尺，怎么能容万卷书呢？"渤遂有悟。

曙师提醒：

古德说："无始终，无大小。"
并不是说没有时间和空间，而是告诉我们，时间、空间，不过一念分别。
突破时空的滞碍，自然心包太虚、量周沙界。

266

有个很喜欢说禅的人,
逢人便说:"禅不在坐。"
有次我见了,便问他:"你这话从何听来的?"
他马上振振曰:"祖师们说的。"
我笑问:
"释迦菩提树下坐禅七日成佛,说禅不在坐,这是谤佛;
可如果说禅在于坐,这是谤祖,您说说看,应该怎么办?"
这人无话。

曙师提醒：
其实盘腿过程也是调心：初时腿之坚硬就如同这刚强之心；
盘腿时引发的种种痛痒麻之觉受，就如平常面对种种顺逆境；
痛得难受，便想放腿乃至不再上座，就像我们一遇困境就想放弃，
能否安忍很重要；
如能坚持并适当调整，会发现其实没有过不去的坎；
当一段时间的精进之后，蓦然发觉：
不但腿渐柔软，心也柔顺许多。
所以说："禅虽不在坐，但也不离坐啊！"

267

唐僧初遇猴,自降不得,不得已借那紧箍咒而来约束猴子;
途中师徒有隙,猴子三度舍师逃离,唯此箍退不得;
及道业成,猴要观音菩萨为退此箍,
菩萨曰:"既已成佛,何用此箍?"
这是舍筏登岸呀。

曙师提醒:
我们也是耍猴的,可是常常被猴耍。

須菩提於意云何佛可以具足色身見不不也世尊如來不應以具足色身見何以故如來說具足色身即非具足色身是名具足色身須菩提於意云何如來可以具足諸相見不不也世尊如來不應以具足諸相見何以故如來說諸相具足即非具足是名諸相具足

金剛般若波羅蜜經離色離相分第二十

268

日前，朝礼西子湖畔古刹净慈，
抢得方丈戒清和尚常随禅板一根，欢喜十分。

曙师提醒：
禅板有两种：
一是坐禅时小憩之用，此禅板较宽大，上下穿孔系绳绑于禅床，可倚靠作休息，因此也叫倚板。
其二略短，形制似腕枕（臂搁），用于坐禅时结印或压腿，有多种名称。
曰禅板——坐禅之板；曰性板——养性之板；曰醒板——警醒之板；
曰心板——静心之板。名称不同，其义相近。

269

当独处时，正好修行。
此时心性，一一展露，是刚强抑或调柔；是直诚抑或虚伪；是散乱抑或坚固；是清净抑或杂染？
乃至平时充以门面的诸般言行，这时能否提起半点作用？
没有比这更全然的面对。

曙师提醒：

我常于此时，奋力自问：
曙提，汝应真心显现，还是随妄流转，自看顾！
此法对治习性，常有进益，愿与大众分享。

270

此世界外，尚有无数世界；
我们身边，共生无边众生；
我们的所知制约了自己，我们的无知让自己觉得无所不知，
承认自己的所知障碍，就是修行的第一步。

曙师提醒：
诚然，十法界不离一心，一切问题，无非心的问题，
不是心有问题，是"我"有问题了！
心量本无限，奈何自作茧？

马祖道一说：
"道不用修，若言修得，修成即坏；亦不属不修，不修还同凡夫。"

曙师提醒：
佛性本然具足，人人都有；
在圣不增，在凡不减。
所以不是修来，而是本来；
但一念无明累劫妄想的障覆，不见自性，所以不能不修。
但此修，并非向外作活计，而是自除分别，不取不舍。

272

我曾于一寺滥充僧值，某校师生来寺体验。
正食饭，我说："宁动千江水，不动道人心！请诸位止语观心，关闭手机，不得出声，如违犯，即摈出！"
此时堂中鸦雀无声，我颇自得。
正当是时，忽大声传出手机铃声一阵！
众皆惊，循声望，只见我仓皇飞奔而出……
原来我只顾提醒别人，自己却忘了关机。

曙师提醒：
我们就是这样，只知要求别人，忘记要求自己。

佛和僧团正行脚，有对师徒在争论。
师父批评佛和僧团，徒弟则赞叹佛和僧团。
有人内心开始欢喜徒弟而厌恶老师。
佛说："听到批评毁谤，不要愤怒，因为那会让你产生障碍，不能如实判断他人意见正确与否；
听到赞叹褒扬，也不要欢喜，因为那同样会让你产生障碍，不能如实判断他人意见正确与否。"

曙师提醒：
不要让情绪，成为我们的主人。

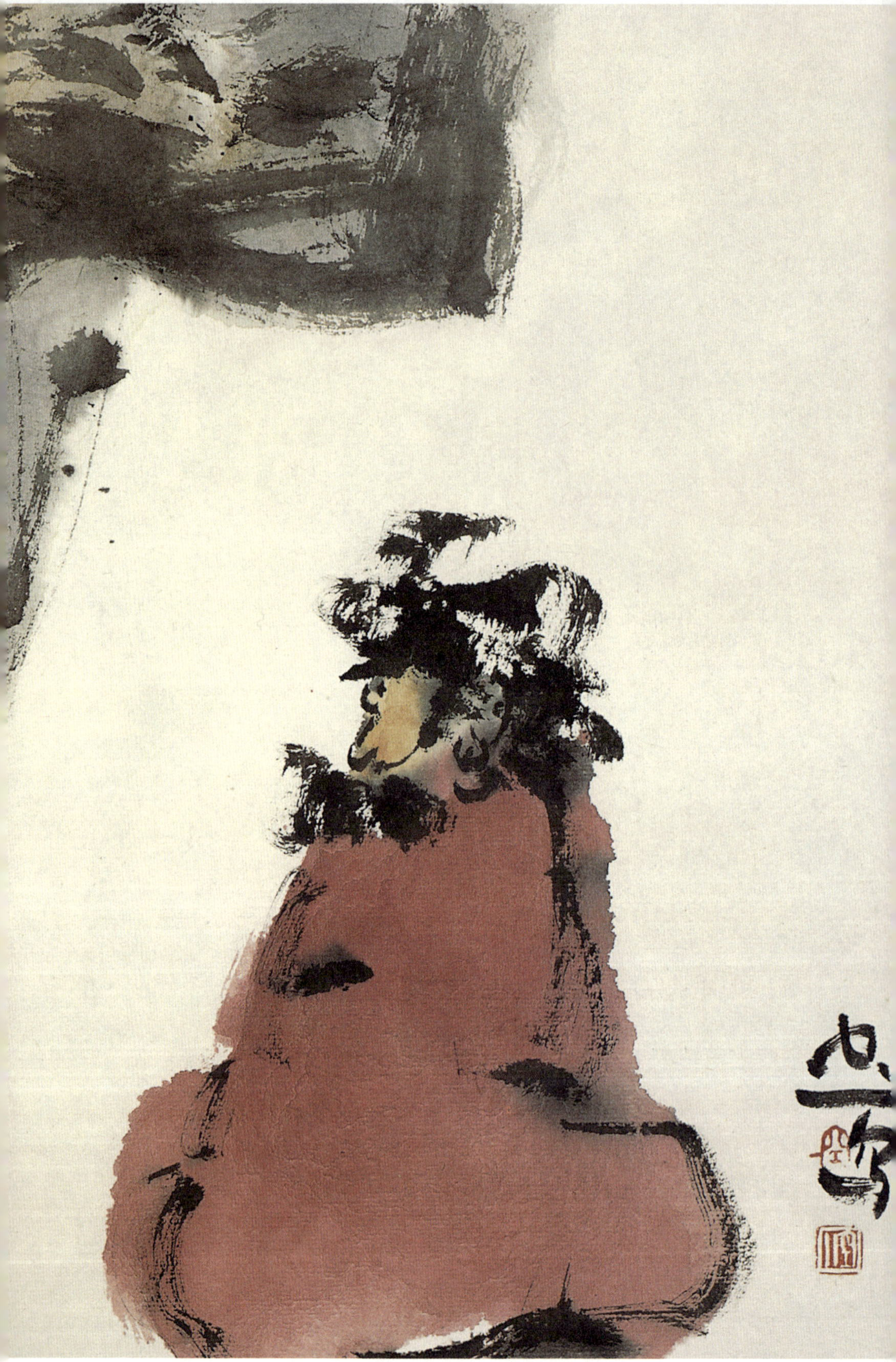

274

逆境都会有。逆境观无常,你会发现:无常即转机,
既如此,我们又何苦为一时失意纠结呢;
逆境观缘起,你会发现这逆境,也是诸多因缘促成,
既如此,我们又何必纠结于某一现象或原因呢?
逆境观无我,你会发现,
所谓的顺逆境也是自心幻化的,此中顺逆只是生灭变化之相,
并无实体,心不要被转动就是了。

曙师提醒:
所以想转变逆境,得先学会观察逆境。

275

农历七月十五,
是佛教中传统的僧自恣,佛欢喜日。

曙师提醒:

自恣者,四月十五至七月十五,三个月结夏安居毕,
僧众于大会中,任由众人恣举自己过患,并当众忏悔,叫自恣。
因三月结夏及自恣的功德,在这天会有很多比丘僧证道,
所以诸佛欢喜!
佛弟子于此日供僧功德,应回向多生父母眷属,
祈愿离苦得乐,不逢倒悬!

276

调心的过程，一般来说三个阶段：
第一阶段如风中残烛，常常被境所转，做不得主；
第二阶段，以种种方便，如持戒坐禅念佛等，止住妄心，离欲寂静；
第三个阶段，了知心体本无生灭，本不动摇，
因此若能无心于万物，何妨万物常围绕。

曙师提醒：
当然，也有那大根器的，直契无修无证，但至少不是我。

世人皆知："酒肉穿肠过，佛祖心中留。"
却不知后二句："世人若学我，如同落魔道。"

曙师提醒：

"佛祖心中留"，佛性确实人人本具，个个都有，从未离开过。问题是，当酒肉穿肠过时，这颗心早就跟着酒肉跑了，哪里还有佛的影子呢？

所谓："酒肉一进肚，佛也留不住。"

所以这句话不免沦为茶余饭后的笑谈了。

278

师徒二人外出参方，小徒一路抱怨，嫌路途远，行李重。师总默然不语。某日，途经一山，正遇盗匪打劫，只见明晃晃刀剑齐砍将来，二人不顾一切逃命，一口气飞奔过几个山头，师忽停脚，问徒曰："路还远么？行李还重么？"徒曰："我的师，这会儿心都在逃命上，哪里还管什么路远行李重啊。"

曙师提醒：
好吧，我的师……

有父子二人同行，经一树林，儿子进入林中方便，被一只熊攻击了，子舍命逃回。父问："是何物把你伤成这样？"儿子说："攻击我的东西毛很长！"父大怒，拿起弓箭便追入林中。这时正好一位苦行的修道人路过，毛发很长，父便欲射之，路人忙劝："这人无过，为何射他？"父曰："谁教他也是长毛的？"

曙师提醒：
爱欲来到的时候总要爱屋及乌，
嗔火燃起的时候就会殃及池鱼。

280

鼠遇狮,很怕。
狮宽慰:"小鼠莫怕,我绝不以大欺小。"
鼠感恩不尽曰:"他日有缘,一定报答。"
狮笑而不语:你能报答我啥?
某日,狮不慎被网罗,正危急间,
鼠飞奔而来,咬断罗网寸寸,狮遂脱身!

曙师提醒:
不要轻视任何一个人,珍惜身边每一份善缘吧!

老鼠遇到狮子，很害怕。狮子轻蔑地看着老鼠："你太小了，我都懒得吃你。"老鼠不忿，咬了狮子一口。狮子又痛又气，想抓老鼠，老鼠赶忙进洞。狮子在洞口使尽浑身气力，也奈何老鼠不得，只好趴下喘气休息。老鼠见状，乘狮子不备，又蹿出来咬了狮子一口。狮子痛得大叫，只听老鼠在洞里说："看你还敢轻视弱势群体不？"

曙师提醒：
不要把自己当狮子，也不要把别人当老鼠。

282

烦恼是什么？

曙师提醒：
烦恼是烦恼者的仇敌，
要么抗拒，要么逃避，
所以烦者愈烦，避无可避；
烦恼是修行者的良师，
只有正视，只有面对，
所以无烦可恼，歇即菩提。

有一只鸡，自从她见到仙鹤后，便认为自己与众不同，常常慨叹自己被埋没了。有一天，仙鹤路过，她实在不愿再忍受这样的"鹤立鸡群"，便想飞起来，随仙鹤而去。可她扑腾了半天才发现，原来自己到底还是只鸡，并不能像仙鹤一般飞起来。

曙师提醒：
人们有仰望星空的梦想是好的，
可还是要有面对现实的勇气啊！

284

某君,耐不得世间纷扰,便上山出家。月余,耐不得寺中寂寞,复还俗。又月余,耐不得世人讥嫌,复上山。见其师,自叹道:"天下之大,竟无容我之地!"师答道:"未出家时,能耐纷扰,世间怎不容你?住寺之时,能耐寂寞,寺院怎不容你?还俗之后,能耐讥嫌,世人怎不容你?"

曙师提醒:
所以,不是天下不容你,
是你自己容不得自己啊!

285

幼时随父插秧，总是难以成行。父亲手把手教我："第一排很重要，后面能否横平竖直，就看第一排。""插秧时不必分心前后左右，照顾脚下，用心不用眼。""左手拿稳秧苗，拇指分秧送秧，右手接秧插秧，配合好了，一气呵成。"

曙师提醒：
原以为这仅是老一辈关于插秧的简单经验，后来发现，这些经验之谈，放之于生活，也蕴含着不简单的哲理呢！

286

早年亲近某师，师是个梵唱僧，不读经，不参禅。我自谓稍有口头功夫，暗自欺他，便举南岳与马祖"牛车陷在泥里不动，打牛还是打车"的公案问师，师正在锅上盛稀饭，闻言，举起粥勺，劈面砸来，提躲闪不急，弄一头粥，正尴尬间，师笑道："牛车不动，是应该打牛，还是应该打车，我不知道，我这才一打你，你怎么就动了？"

曙师提醒：

从此，我不敢再轻慢一人。

雨后,一只蜗牛沿着墙角努力上爬,却总又一次次跌落。路人甲看了,感叹:"这与我的人生何其相似!困难重重,屡试屡败,人生还有什么希望呢?"路人乙看了,感叹:"这样困难还在坚持,屡败屡试,小小蜗牛尚有这种精神,何况我们呢。"

曙师提醒:
境缘无好丑,好丑在自心。
希望 or 失望,就在一念间。

288

乡间小寺，某师正扫地间，远见一群人呼啸而来，至大殿，有一大汉端踞正中，坦然接受众人礼拜，口称："我乃观音菩萨显圣！"师知是神汉惑人，顺手操起扫把直奔神汉，众皆惊走，汉子更是忙不迭地从蒲团上滚下，边跑边说："恶僧打人了！"有人问："彼是菩萨，怎敢打他？"师笑："他若真是菩萨，还怕我打？"

曙师提醒：
妖言惑众，恶僧来治！

一次，僧团们乞食完毕，回到祇园精舍。比丘们相互分享各自见闻，有人认为山峦起伏景色很好，有人说山路崎岖泥泞不堪。佛听到后，便说："比丘们，大家只关注到每天行走的外在之道，却忽略了心中本有的解脱之道，这条道上，烦恼的出离是方向，善知识是向导，精进便是大家的双脚啊。"

曙师提醒：
早起一支香，大家行起来！

290

一杯茶，不喝，便难知个中真味。此味或冷或暖，或苦或甜，即便用尽言语文字，也只是在描述、形容和譬喻，而非真味本身。

曙师提醒：
佛法也是如此，虽有八万四千法门，无非应机方便示现，而佛法本身却是离言绝相的，非亲尝法味者不能知。
到这里，再问迦叶微笑，佛陀拈花，两个大汉，无端笑个神马？

乌云密布处，风雨交加时，阳光总在那里，不前不后；
人生顺逆境，酸甜苦辣时，希望总在那里，不生不灭；
山穷水尽地，颠倒困惑时，智慧总在那里，不增不减。

曙师提醒：

莫让烦恼情绪乌云，
覆盖本有佛性智慧光明。

292

以水喻心：无论一潭碧水，还是汹涌波涛，水性清净不减。心体清净亦复如是，何其自性本自清净；无论极流冰雪，抑或化气云端，虽相上千变万化，然水性湿润未变。此心之相亦复如是，何其自性本不动摇！水可滋润禾苗利益万物，也能淹没渠沟为患世间，此心之用亦复如是，何其自性能生万法！

曙师提醒：
未有无波之水，曾无不湿之波。

太监鱼朝恩，一日问药山："《普门品》中说：'黑风吹其船舫，飘堕罗刹鬼国。'请问什么是黑风？" 师反叱："你不过一个太监，问此作甚？"鱼朝恩听了勃然大怒，欲拔剑弑师。师笑道："看看，黑风已起，正要吹着船舫了！"鱼朝恩听了，马上改颜礼敬。

曙师提醒：
黑风从心起，船舫亦自开，
罗刹鬼非国，飘往自心海，
己目不明处，善士拨云开！

294

佛陀宣布4个月后将入涅槃。未证无生的比丘们很伤心，许多人因此紧随佛陀，形影不离。有位达摩拉玛，依然保持正常作息，也不来问候佛，有人说："达摩拉玛如此我行我素，他对佛哪里还有丝毫敬意啊？"佛知道达摩拉玛因为发愿在佛涅槃前证得无生，所以精进用功，便赞叹："将佛法落实到行动，就是无上的敬意啊！"

曙师提醒：

依教奉行，就是礼敬诸佛。

有位皇帝，邀请某师应供，可他又在宫门口陈列刀兵，并吩咐侍卫，这师来时须穿过刀丛才能进宫。皇帝其实想以此考验这师的定力。这师来后，见到这情况，毫无惊慌，坦然入宫。皇帝赞叹之余，便问："法师不怕死吗？"这师笑答："无量劫来，六道流转，不知道死了多少次了，何惧今日之死？更何况念念生灭，就是生死轮回，众生常和生死为伴都不自怕，我又何惧之有呢？"

曙师提醒：

死并不可怕，怕死才可怕啊。

296

达摩祖师在《悟性论》中说:
"道以寂灭为体、修以离相为宗。"

曙师提醒:
念头的生起灭去,造就了生死轮回,
那么,
向不生不灭处会,就是道的根本;
烦恼的源头,在于对万事万物的执着,
那么破执离相,就是修行的宗旨。

手里拿着钥匙，还在到处找钥匙。这样的事情，想必你我都做过。事后回想，也许很好笑。其实人人都有一把本具的密钥，这钥匙本自圆成，能生万法，在圣不增，在凡不减，并且每日六根门头吃饭穿衣，有时唤他作"佛性"、有时唤他作"菩提"、有时唤他作"烦恼"、有时唤他作"无明"……

曙师提醒：
我们有此钥匙不自知，
却每日向外驰求，
便连学佛修行，也是心外求佛，
这难道不好笑吗？

298

初祖达摩说:
"贪嗔痴也无实性,但能返照,
了了见贪嗔痴性即是佛性,
贪嗔痴外更无别有佛性。"

曙师提醒:
原来,菩提烦恼一体两面,
无明佛性共坐一龛,
可见世间处处是道场,
生活就是修行路啊!

楚灵王好细腰，臣子为了争宠，
往往每日一食以保持体型，走路时先深吸一口气，
勒紧腰带再扶着墙慢慢站起来。
不久，满朝文武都变得又黑又瘦。

曙师提醒：
因地不真，果遭迂曲。
身处高位的，不管行的是什么，总有人会效仿，
榜样的力量最无穷。

300

"师者,所以传道授业解惑者也。"
——韩愈《师说》

曙师提醒:
师是修行路上之明灯,迷茫中指引方向;
师是人生路上之榜样,一言一行皆是垂范;
师更是解脱路上之向导,带我们回归心之故乡。

诸种情绪现前时,"观心无常"是最好的对治了:
我常观察,心念刹那生灭,流转不息。
此刻的喜怒哀乐,彼时彼处则未必如此;
即便多年形成之陋习成见,因缘和合时也会转变,
那又何必被一时之情绪所左右呢?

曙师提醒:
竹密何妨流水过,山高岂碍白云飞!

302

"顺我者昌、逆我者亡"语出《庄子·盗拓》。因为有个"我",所以顺应我的便坦然纳受,违逆我的便拒之千里。问题是,想除的除不去,想要的要不来,这是个烦恼。

曙师提醒:
其实外境本身,哪有什么烦恼性呢?
对外境的好恶取舍,才是造成烦恼的根本啊!
而分别好恶,命令取舍,都是从我而来。
所以,一切问题,最终还是我的问题。

303

天苍苍，野茫茫，风吹草地见牛羊。忽然，一只老鹰俯冲下来，叼走了一只绵羊。乌鸦正好路过，看了很羡慕，他仔细回想了老鹰捕羊的细节："先找准猎物，再盘旋数周，看准机会，冲！"然后逐个模仿着冲向了羊群……可怜的乌鸦怎么也没想到，他不但没叼动绵羊，反被羊毛缠住了爪子。

曙师提醒：
有些看似成功的经验，
并不适合每个人，
盲目借鉴反而会害了自己。

304

少时参与播种,撒下种子,初时每隔三五天总要下田检视,看是否有杂草,间距之疏密;及至苗高,只须定期施肥并谨防风水旱灾,时机成熟,就可静等丰收了。

曙师提醒:
调心亦如此,心地本净,能生诸种,
所以初时要常常内省自观,以免自生烦恼,此是善护其心;
久之定慧渐圆,外不着相,内自不乱,
则无调不调,自然如理作意,
所谓善用其心便是。

孤指頭
子呼昌

305

有人问赵州：

"二龙抢珠，谁可得之？"

赵州答："老僧只管看！"

曙师提醒：

不知道大家有没有劝解吵架的经历？我曾有过几次：一次是劝人家不要吵，最后自己加入了吵架的队伍；还有一次是劝到后面，别人倒是不吵了，可反过来一起对着我吵了。现在回想起来，似乎很好笑，其实劝架就如同看戏一样，从看客变成导演，也就罢了，千万不能恨不得自己就是演员……

我初出家时，便有一不好的习气：早晚功课，其余法师皆巍然不动，唯独我久站必斜，或左倾或右倾。这件事虽有师长告诫，自己总觉得那么多人，就我一个歪一点，也无伤大雅，所以不以为然。有次无意中看到监控录像，忽然发现：百人之中，独我一人，或左或右，摆摇不定，全无威仪！于是这才下定决心，忏悔改正。

曙师提醒：
有时候不妨跳出自己看自己，
你会发现全然不一样的自己。

307

佛告诉我们："人命在呼吸间。"

曙师提醒：
近来总是有人鼓吹"末日说"，
其实生命本在呼吸之间，世界本来成住坏空，人们何必自寻烦恼？
而"末日"的真相就是：当我们一直庸人自扰并自寻烦恼时，
我们实际上已经生活在末日里而不自知了！
这样来看即使是长生不死又有哪天不是末日当前呢？
敢于直面无常的人，即便生死现前，也会获得永恒的涅槃大乐。

308

当代汉传佛教的佛事活动不外乎两大类：
一类是以开光为代表的高僧大德聚会；
二是以水陆为代表的超度亡灵聚会。

曙师提醒：

其实最需要开光的是我们自己，开发的是自己本具的自性光明；最需要超度的也是我们自己，超度的是自己妄生的烦恼执着。外相上佛、法、僧三宝的安立，原本是为了方便接引不同根机的众生，可惜佛法传入中国之后，我们赋予它太多的标签，反成了以盲导盲的工具了！

309

佛法未必在佛经上，但也未必在佛经外；
佛法未必在寺庙中，但也未必在寺庙外。

曙师提醒：
虽说一切法无不是佛法，
但如果根尘相对，不识主人，不能于起心动念处时时觉照，
恐怕吃饭睡觉养花喂鱼吃茶，
也只落得吃饭睡觉养花喂鱼吃茶而已！
不能转身，皆落二元。

从俗谛说,因为一念无明迷失本性,所以初修行者,需要分分灭尽无明,次第断惑证真;从真谛看,本性如光明珠,本来清净本自具足本来圆满,并不因客尘烦恼而有丝毫的染污,行者对镜触机,只需念念离相,自然回归本然光明状态。

曙师提醒:
无无明,亦无无明尽,
当烦恼与菩提不再对立,
哪里还有无明需要除尽呢?

311

二月初八,
释迦牟尼佛陀出家日。

曙师提醒:
出家,不仅是出离父母妻子眷属之家,更是出离梦想颠倒生死之家;
出家,不是逃避,更是担当;
佛陀的出家,不仅自证菩提,还使无数的众生出离痛苦,共沾法益;
出家,也是回家,此心安处,是吾家乡。
愿大众都能早日离苦得乐,止息烦恼,同回本家!

須菩提於意云何可以三十二相觀如來不須菩提言如是如是以三十二相觀如來佛言須菩提若以三十二相觀如來者轉輪聖王則是如來須菩提白佛言世尊如我解佛所說義不應以三十二相觀如來爾時世尊而說偈言

若以色見我以音聲求我是人行邪道不能見如來

金剛般若波羅蜜經法身非相分第二十六和堂空一寫意

312

圣诞节了，不少朋友发来了节日的祝福。
当然，也有很多佛弟子，自发地长篇大论，号召佛教徒一起抵制圣诞节。

曙师提醒：

首先感谢大家圣诞节的祝福。我也有我的圣诞观：

1、圣诞者，古时西教圣人之节日也，现今已成为世界性的节日，虽出自基督教，但其意义，早已超越宗教，因此，我建议对盆友们送来的圣诞祝福，笑纳便是。他人一片祝福之心，你我何必过分解读？

2、对佛弟子来说，觉悟了的人，才可称"圣人"；但大乘佛教更提倡

"无我利他"的精神。所以,广义地说,凡一切无私奉献,利益众生的,都可称为"圣人",例如,在《华严》等经里面,梵天外道,也是菩萨权现,这是大乘佛法的圆融精神。当然,这种圆融,并不意味着失去原则,而是意味着,首先不要对立。

3、大家祝我圣诞快乐,我其实更愿人人都学圣人,世间日日都是"圣人节"。

4、世界需要和平,宗教需要对话。我也借此祈愿:不久的将来,每年农历的四月初八,国家能设立法定的"佛诞节"。到时我们同聚蓝天下,纪念"佛诞",为一切众生平安吉祥,共同祈愿!

313

因为大自然，这个世界充满着各种各样的美好。可有时候大自然，就像个正处在叛逆期的大孩子，也会闹闹脾气的。你越想改变他，他越是不听话，你越是苛求他，他越是不令你满意……我们对大自然索取无度的时候，却没有意识到自己正拔苗助长。

曙师提醒：
佛教说"依正不二"，
我们所依赖的大自然，和我们自己不可分割。
所以，佛教不仅重视自己身心的环保，
也同样重视对环境的保护。

314

常常有人问合掌的意义,索性编了一首顺口溜。

曙师提醒:
合掌好,十指并拢于一处,十界唯心一念间;
合掌好,二掌略弯成空洞,心如大海纳真空;
合掌好,一朵莲蕊含苞待,犹如心田清净种;
合掌好,一掌智来一掌悲,解行相应不违中;
合掌好,不高不低在心口,心香一瓣献大雄;
合掌好,二而为一和合相,自佛万佛本来同。
有人来问合掌义,且听一曲合掌歌,大家都来合掌吧,合掌吧!

315

人问:"别的经文,都把观世音菩萨翻译成'观世音',为何《心经》把观世音菩萨翻译成'观自在'呢?"某师答:"观自在者,自观自在,自己观不到自己的人,就不自在了。"

曙师提醒:
迷失自己的人,
观自己不自在,
观人家也不自在,
处处就是不自在。

三祖僧璨大师《信心铭》说："眼若不睡，诸梦自除。"我初出家时，并不懂这句话的意思，以为睡觉的时候，只要睁着眼睛，就不会做梦了。结果试了半夜，梦倒是没有，觉也睡不着了。最要紧的是，同寮的师兄，夜半上厕所，摸黑路过我床边时，忽然瞥见我瞪得大大的眼珠，差点没吓晕过去。

曙师提醒：
一个人内心光明焕发的时候，
所有的梦想颠倒自然烟消云散。

317

《金刚经》云:"说法者,无法可说。"
沉默,其实就是一种无声的说法!

曙师提醒:
佛法有可说的部分,
也有不可说的部分。
释迦说法四十九,
维摩一默响如雷。

有个小孩儿正吹着气球，球越吹越大，眼看就要吹爆了！这时候路人甲上前，准备用双手挤压，以控制气球变大；路人乙赶紧阻止道："让孩子别继续吹就是了，你这样挤压，不但可能加速爆炸，还有可能气体回流，伤着孩子呢。"

曙师提醒：

是啊，压力大的时候，
让自己休息一下就是了，
过分的控制不仅不能真正解决烦恼，
还有可能加速情绪的爆发。

319

如果你用一根消防水管，往一只碗里倒水，会是什么结果呢？
如果你用一把勺子，往一口缸里舀水，那又会如何呢？

曙师提醒：
所以，重要的不仅仅是你在说什么，
说的方式，有时候同样重要！
用对方能接受的方式讲话，
这就是菩萨四摄法中的"爱语"。

古德讲:"梦中还能作得主么?无梦时,谁是主人翁呢?"

曙师提醒:

久不做梦,这次居然梦回沪上。还是那幢熟悉的小楼,来来往往,也依旧是那些熟悉的面孔。我仍在讲台上,讲得吐沫横飞,学生们似乎还是听得饶有兴味……这时,其中一位学生站了起来,大声地对我说:"老师,你还欠我们一个道别!"原来当年惶惶如丧家之犬,走得太匆忙,竟然忘了通知大家。也罢,就借这一梦,权当补个告别礼吧!

321

在沪时,同寮师兄携一君与我聊天。临别之际,我客气说:"空了来喝茶啊!"此君忽然面露不悦之色。我颇诧异,不知何故。及晚,师兄斥曰:"此君居官位,官场上请喝茶就代表要被审查。"我恍然大悟。不数日,传来消息,此君真被"请喝茶"了!我当时就自抽了嘴巴一记。

曙师提醒:
至今不明白,
不知道是我乌鸦嘴呢,
还是他本就是惊弓鸟?

近来听说某师自创"中国佛教第九宗",我吃了一惊:"乖乖,八个宗派还不够,还要创第九个?"

曙师提醒:

历代祖师大德,是佛法最好的诠释和践行者,远的我们或许难以触摸,近现代如弘一、虚云、印光、太虚等大师,乃至朴老、厦门妙公、茗山长老、安上法师等,斯人虽去,余响犹存。这些老人家值得我们学习的不仅是言教,更能摄化我们的恰恰是他们的身教。他们的身上,有着太多太多的闪光点。我有时甚至以为,佛教到了今天,缺少的未必仅仅是创新精神,或者正是传灯的担当。

323

从古至今,有人质疑佛法,有人急于辩白。
有人作壁上观,有人望佛兴愁。
只不过,今天是自媒体时代,大家更容易说出来和听得到罢了。

曙师提醒:

是非须以不辩为智慧,佛法不因毁誉有增减。2500余年的教史,无论三武一宗,抑或文革十载,更不说起起落落坎坷事,兴兴废废沦落时。佛法至今犹自长盛不衰,这已是佛陀说法真实不虚的最好说明。不辩并非不善辩,只因至理非辩明;善审自心乃妙药,默摈置之是美德。

快过年了,家乡有俗语:"邋遢小年干净年。"虽是俗语,这话也有多层意思:一、据老人说如果小年前后有些雨雪,那么大年夜就会是晴天;二、从小年开始,大伙儿就要忙着掸尘蒸糕办年货了,办这些事时虽有些邋遢,但大年会干净舒服的;三、小年送灶神,希望他上天说好话,来年保平安;四、邋遢代表霉运,干净代表好运。

曙师提醒:

老百姓并不懂那么高深的道理,他们的信仰,其实很简单朴实,虽然没有佛法圆满,但也要理解,毕竟,有信仰,总比没有好。

325

"一个人,如果总是喜欢站着说话,连狗都不会理你。"
这是我早年在江西的时候,听过当地老百姓说的一句俗话,
其意思就是说:"一个人,如果不肯放下自己的身段,老是端着架子,
不要说身边的其他人了,就连狗见了,都不愿意理睬他。"

曙师提醒:
"不忘初心,成佛有余",如果我们始终把自己摆在一个初学者的位置
上,看一切众生都是菩萨,唯我一人是凡夫,那么,没有不成就的道理;
如果我们始终觉得比别人优秀,自以为高人一等,那么即使拥有名利,
不仅不会进步,到头来还会是个孤家寡人。

326

初出家的时候，出去赶佛事，当时条件苦，都是20个人、30个人，铺上草打着地铺，挤在一间房里。脚对头，头对脚，闷着一身汗，闻着一屋子的臭脚味儿，大家倒也其乐融融。后来到佛学院读书，4个人睡一个大房间，才第一天，居然为了开不开吊扇，我就和其他同寮有了不同意见，现在想来，那时真正是愚痴。

曙师提醒：
以"我"为中心的贪嗔痴不解决，
即使处在修行的环境中，
也无非就是从声色犬马换成风花雪月罢了。

327

手上戴过一串手珠,被某君看上了,曰:"师父,结缘给我吧。"
我说:"那是别人的,我也只是帮他戴几天,还得还他。不如我另送一串给你吧?"
此君曰:"师父平常都叫我们舍得,怎么今天轮到自己,连一串手珠居然也舍不得了?"

曙师提醒:

"舍得"被你这样用,就好比度众生的要被众生度……

"问""回"新解。

曙师提醒:
门内开口,
就是敞开心扉;
回字是大口吃小口,
兜来兜去还是这个圈。

329

最近流行大师，
有被人高捧，正在满天飞的；
有到处显摆，迫不及待自诩的；
还有炒作过度，已成过街老鼠的。

曙师提醒：

有次，一客来山，见我侍者禅小胖，便道："您就是传说中的禅小胖？果然大师风范！"禅小胖羞涩地摆摆手："惭愧，大师二字，当不得，当不得。"那人忽然眉头一皱："大师不过是个称呼，你又何必执着呢？"禅小胖听后，忽作恍然状，答道："哦！原来狗嘴里真的吐不出象牙啊！"那人愣了半晌，不知道如何作答。……过了半晌，那人把禅小胖堵在了厕所里，一边踢门一边骂："禅小胖你出来，我保证不打你，让你拐着弯儿说我是狗！"

330

新月一轮,中秋益圆。
是月,就有阴晴圆缺,每一个阴晴圆缺,
都是一个轮回,年有年轮,月有月轮,心有心轮。

曙师提醒:
轮回离我们并不遥远,
当每天清晨呼吸第一口新鲜空气时,
日月开始新一轮轮回;
当一个新的念头生起的时候,
心念也正开始着新一个轮回。

无言

331

曾经以为只是一个无意的决定，竟让一位朋友成为心结两年之久！所幸再见时我之坦诚令他释然了，否则，这种心结的力量或成生生世世的障缘。

曙师提醒：
"菩萨畏因、众生畏果。"不知不觉间，便种下伤害自他的因。
像这样的事，生生世世不知道做过多少。
因此，善修之人，从因地下功夫，
而当宿世果报真正到来时，坦然面对，便是最好的修行。

有一老总，来山吃茶，诉苦道："公司这几年发展越来越快，事情反而越来越难做了。不把事情分给大家做么，自己很累，还被人说集权专制；分下去了，事情做不好也就算了，还事不关己高高挂起。"我听了，眼前顿时出现了一幅"三个和尚没水吃"的景象。

曙师提醒：
说食不得饱，画饼难充饥。
为不担当故，只得皱眉头。有水饱三人，无水渴一窝。
但凡肯动手，何愁没水喝？

333

宝积禅师有次路过菜市场，正碰到别人买肉。卖肉的忙了一大早，满头大汗。这时，只听一客说："给我切一斤好肉来。"卖肉的一听，放刀叉手反问："爷，请问我这里的肉，又有哪块不好？"禅师有省。

曙师提醒：
萝卜青菜，各有所爱。所谓的"好"和"不好"，不都是我们自己根据自己的喜好，去定义标签的么？

334

藏地圣者密勒日巴尊者，有一句名言："有人扔来烂泥巴，正好种朵金莲花。"

曙师提醒：
凡夫的世界，心随境转；
圣人的境界，心能转境。

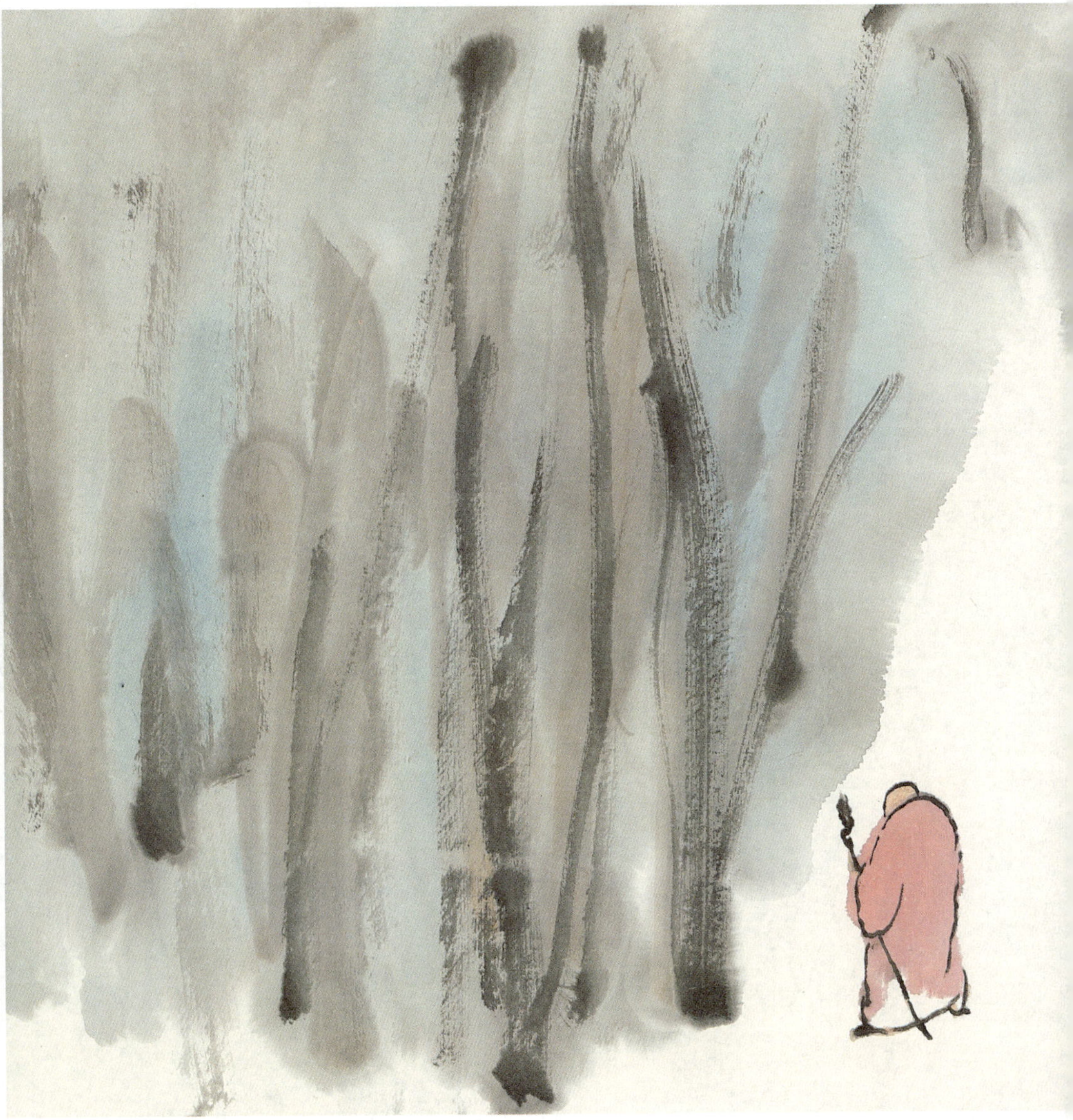

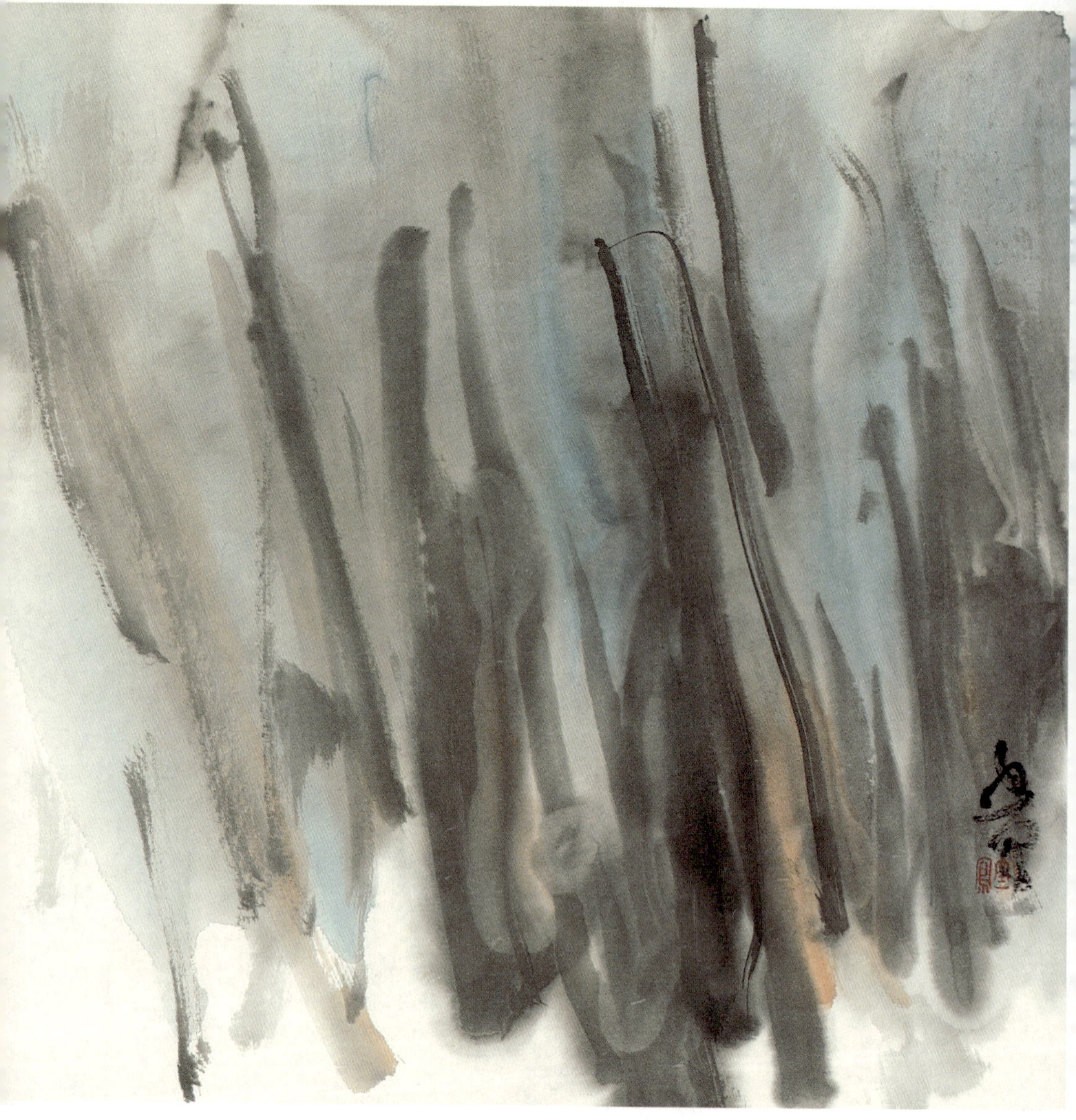

335

崔相国拜访如会禅师，见一雀儿于佛头上拉屎，便问：既然一切众生都有佛性，怎么这只雀儿却跑佛头上拉屎呢？如会禅师笑答：你放心，这雀儿再怎么样也不会跑到老鹰头上拉屎。这难道不正是佛性妙用么？

曙师提醒：
鸟儿虽不著佛相，但却著老鹰相；
崔相国未必著老鹰相，但这会儿一定著了佛相。
如会，如会，如其所会。

沩山灵佑跟随百丈禅师多年，也没有悟道。有一年冬天，非常非常寒冷，百丈便让沩山把堂中尚温的火盆点将起来，好烤火取暖。沩山拿着拨火棍，草草地戳了几下，说："师父，炉中已经没有火了。"百丈一把拿过火棍，深深地拨了几下，马上拨出了一点火星，他对沩山说："你说没有火，这是什么？"沩山当下大悟！

曙师提醒：

本有的佛性，就像这炉中的火种一样，

虽然被妄想的灰烬掩埋至深，

只要你肯深挖，时机成熟，光明必定显现。

337

有师新收一沙弥弟子，
教他背诵《大悲咒》，
背到第三天，
这沙弥苦着脸说：
"师父，有没有小悲咒啊，大悲咒太难背了！"

曙师提醒：
你找观音菩萨去，
谁让他大慈大悲的。

有人问:"看到一篇文章,说佩戴佛像,是对佛像的不恭敬,有极大的罪过呢!"师曰:"这一棍子,一下子打倒一大片了。"

曙师提醒:

贴身佩戴佛像,出汗等原因,确实有不恭敬处。

另外,佛像的摆放,也不宜低于腰部,更不要说脚下、鞋面了。

然而,一般佩戴佛像的老百姓,并不懂那么高深的佛法,

他们只是祈求佛菩萨的保护罢了!

合理引导比一棍子打死要好。

否则,不让他戴佛像,难道让他去戴十字架?

339

我们生活的世界,被称为"五浊恶世"。我们的周围,充斥着各种生老病死、各种天灾人祸和各种奇谈怪论,即使如此,仍然有许许多多的人们,在社会的各个角落,热心公益,乐于助人。他们中:有的是普通的清洁工,有的是平凡的老百姓,有的是成功的企业家,有的是优秀的艺术家……这个世界需要指点江山的言者,更呼唤默默无闻的行者。

曙师提醒:

观世音菩萨号称"慈悲第一",就是因为他的慈悲,普门示现。

普门,就是门门,也就是说:各行各业,都有活观音。

有詩便身無酒重艱難

340

古有铁匠,每日打铁从朝至暮,十分辛苦。一日有法师路过,大家都争相礼拜请教,铁匠也来到法师面前,他说:"我现在的生活太辛苦了,我也想学佛解脱,但我一没有钱供养三宝,二没有时间学佛打坐,请问我能不能得度?"法师便教他打铁念佛之法,每打一下铁,便念一句佛。有人问他:"你每天打铁,已经够辛苦了,还念佛号,不累吗?"铁匠回答:"我现在浑身精力充沛,念佛比打号子可省力多了!"这样过了几年，有一天，他将后事一一安排，然后说偈曰："叮叮铛铛，久炼成钢。天下太平，我生西方。"遂念佛号，安详往生。

曙师提醒：
制心一处，无事不办。

341

"梅须逊雪三分白,雪却输梅一段香",此乃卢梅坡先生名句。我有法兄,妙法法师,改几字曰:"梅因逊雪三分白,雪不争梅一段香。",前者是从梅香雪白中抽离出来,比较雪梅,并表现各自的特点;后者则是直接契入梅雪境界,活生生地把法师的谦逊退让,成就他人的胸怀,赋予了梅和雪,这又是一种情怀。

曙师提醒:
山僧只管看。

名字、身份、相貌、地位……这些，都不过是用来便于识别你的标签而已，不是永恒不变，不能代表真实的自己。因此，学会去"标签化"，便是在生活中实践禅法的精髓。

曙师提醒：
有人问赵州禅师："你是什么人呢？"
赵州回答："东西南北门啊。"
不要活在别人为你贴的标签里，也不要试图为他人贴标签。

343

昨日一君来寺，曰："财神日，请师法语开示。"

师："祝你吉祥如意发大财！"

君哂笑："我要听的是法语，而不是师这种世俗语。"

师遂改颜合掌曰："财富再多，都如梦幻；无常一到，终非尔有。"

这人听后大怒："我求法语，大过年师父怎可说这样晦气语！"

师笑："原来你要听的是法语啊，我会两句，不如（Bonjour），撒驴（salut）"

曙师提醒：
你要的"法语"，难道不是"法国语"么？

344

人问:"师,你又没有死过,怎么会知道人死后轮回的情况?"
师未及作答,一边禅小胖马上抢答曰:
"你这人,没吃过猪肉,还没听过猪叫唤么?

曙师提醒:
生死轮回来源于烦恼执着,
一个人可能没有死过的经验,
但常常在烦恼中,
生不如死的体验,
一定有过的。

345

人问:"信佛了,就一定不能接触外道的书籍,对么?"

师曰:"我推荐两本书给您看,都是明末高僧蕅益大师的,一本叫作《大学直指》,一本叫作《周易禅解》。"

曙师提醒：

1、《华严经》中，梵天外道，都是大菩萨权现方便。佛法初传中国时，很多祖师都借助本土儒道思想弘扬佛法；

2、当具足正信，明白自性自度不同于一味依赖、榜样学习不同于偶像崇拜的时候，自然了解佛法与其他思想的不共，不但不会混淆和摇摆，甚至还能借助人家的方法，弘扬佛陀思想。如：台湾的慈济，就借助了很多其他宗教的布道方法；

3、只有把佛，当作众神之一来信奉，才会搞不明白，信佛、信道、信主，有什么不一样。

346

恩师觉真长老，看问题处理事情，往往都从大局出发，从不计较个人得失。每当应邀前往讲座，师父总是走得飞快，随侍弟子常常无法跟上。有一次，我实在没忍住，就问道："师父，出家人走路不是应该又轻又缓么？"师父的脚步并未减缓，他仍然边走边说："曙提法师，今后请你一定要记住，千万不要让别人等你，有的人会在等待中失去耐心的。"

曙师提醒：
恩师，您是如此的慈悲，一辈子没让众生等您。
可现在，请您不要走得那么急，等等大家，好么？
（先师已于2015年3月16日圆寂。）

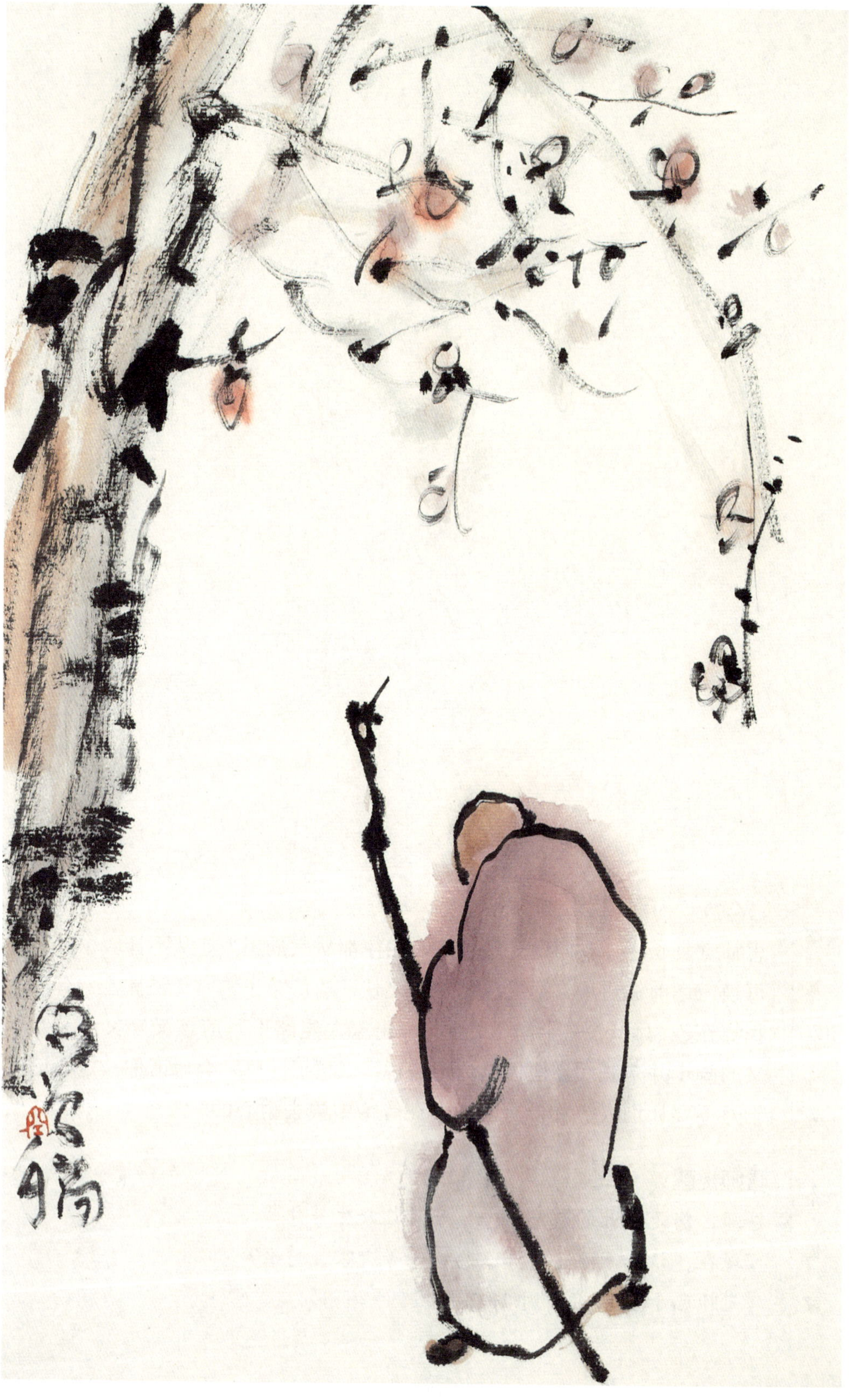

347

记得有一次,恩师来沪讲座,正等电梯时,从后面突然冲上来一个小青年,冒冒失失差点撞倒恩师。当时我在身边,正要指责那小青年,忽听恩师温和地说:"对不起,是我挡你道了,你有急事,可以先请。"小青年听恩师这样一讲,反而很不好意思了。事后我半开玩笑地说:"人家都是'走别人的路,让别人无路可走'。您倒好,被人抢了道,却反过来给人家让路。"恩师很认真地对我说:"喜欢抢道的车,往往容易碰撞;懂得让路的人,处处才有生机。"

曙师提醒:

先师平生低调,处处给人让路,
可越是这样,大家却越是崇敬他。

恩师曾说:"人有三条命,生命、性命和使命。生命代表我的生理机能,性命反映我的精神世界,使命就是愿力和责任!"恩师说:"父母给予我生命,佛陀让我觉悟性命,而我自己发现了我的使命。"2014年夏,恩师本已抱病,但得知同觉举办21天的法华精进营,老人家仍坚持来给大家讲课,讲座的最后,他告诉大家:"我今天来,是在用我的生命讲课!"营员们顿时热泪盈眶,掌声久久不能停息!

曙师提醒:

如历代的祖师大德般,恩师就是这样慈悲,数十年如一日,带着使命,展现性命,抒写生命,他是真正在践行菩萨道!

349

广阔澄澈的江海,
来自于干净的水源。

曙师提醒:
健康快乐的生活,
离不开清净的心念。

某日，人问："如何正确理解佛经，避免教条主义？"

禅小胖扭头反问："听过'一切男子是我父，一切女子是我母'这句经文吧？你总不会从此见到满大街人就喊爸妈吧？"

那人忙答："那当然不至于。"

禅小胖双手一摊："那不就OK了！"

曙师提醒：

把依教奉行，变成教条主义，就是"城门失火，殃及池鱼"。

351

路人甲:"很多人拜佛,都是带有目的的,我认为这样是不对的!"
禅小胖答:"这两天股市跌得好惨啊!"
路人甲疑惑:"咦?出家人不好好念经,股市跌不跌,与你有什么关系?"
禅小胖扭头反问:"那别人怎么拜佛,与你又有什么关系呢?"

曙师提醒:
何得一棒截众流!

晨，人曰："生活就像那悬崖边上的歪脖树，我们都是那吊在山腰上的人。放下是个死，不放下是个累，怎么破？"
禅小胖微笑道："生活也未必处处是悬崖，你得先问问自己，走着走着，怎么就挂到半山腰的。"

曙师提醒：
人问寒山路，寒山路不通⋯人问寒山路，寒山路无穷。

353

早香坐罢，
禅小胖忽问：
"师，为何把自己写的东西，自比萝卜汤呢？"
我答："萝卜汤么，通气清火啊！"
他一摆手，笑道：
"您不知道吃萝卜香、嗝萝卜臭么？少煮点，回头恶心着人。"
……

曙师提醒：
确实是，自我感觉良好时，其实正是自欺欺人。

354

早香毕,
瞥见桌上居士送来的新荷将残,便让禅小胖去换下水,
这样可以让荷叶多绿几天。
禅小胖转头曰:
"师教人平常心,怎么自己却这样执着?
绿叶残荷,各有其美,你又何苦强留?"

曙师提醒:

妙生居士说:"请佛住世,能请一尊是一尊。"
是的,请不来即随缘,但不可不请。嗯,禅小胖可以挨香板了!

355

人问:"你们主张不杀生,可蔬菜和猪羊同是生命啊,为什么植物吃得,动物却吃不得?"禅小胖微微一笑,道:"这位先生,平常理发么?"那人答:"当然。"禅小胖反问:"头和头发都是父母精血所生,可你为什么只剪头发,却不连头一块儿剪了呢?"

曙师提醒:

佛教的生命观中,有情无情同为生命。

有情生命,因有情识,所以有喜怒哀乐,有恐惧嗔恨。

不杀有情生命,是感同身受的同体大悲。

近日，因暑气太热，汗比尿多，禅小胖终患感冒。那天他刚到医院，一群人便围将上来，其中一人说："哟，这世界怎么了，连和尚也要看病哦！"禅小胖呵呵一笑，不慌不忙地说："不然，您到太上老君那，帮我求两粒仙丹来吃吃？"

曙师提醒：
对活在《西游记》里的人，
就必须和他说神话。

357

求而不得反强求,
拒之难去便更拒,
迷而无知愈加痴,
世间许多纷争事,
莫不始于贪瞋痴。

曙师提醒:
祈祷世界和平,是大家的共同心愿;
安住内心平和,才是每个人努力的方向。

358

"天雨虽广，不润无根之草。"

曙师提醒：

新来一净人，欲求出家，既美慕僧家清闲自在，却又惧怕早晚功课清苦，常常偷懒逃香。一日，问禅小胖："天雨广大，不润无根之草。无根的是什么草？"

禅小胖翻了翻白眼，答道："出家本是发心了生脱死，你却是为了贪图安逸，你就是那无根的草！"

359

有一次，范蠡的朋友死罪下狱，范蠡便备以百金，准备让小儿子拿去救人。但范夫人却认为：小儿子平时花钱如流水，办事不可靠，她执意要老实忠厚的大儿子带着钱去。范蠡没办法，只得听夫人的。没过多久，大儿子回来了，带回的却是朋友的首级。范夫人很是不解，范蠡便告诉夫人："大儿子从小跟着我们在苦难中长大，必定勤俭惜福。此行用来上下打点的百金，估计他连一成都没花得了，这种事，钱重要还是命重要？不舍得花钱怎么可能成功呢？我之所以让小儿子去，正因为他生在富贵中，喜欢花钱结交些狐朋狗友，给他百金，他能花出千金来，而典狱刑官这种人，跟他又正好臭味相投，这事哪有办不成的呢？"

曙师提醒：
世间法就是这样，事情的好坏，常常因时因地因人而异。

360

"师,为什么要有秋天呢?看到这满院的落叶,我就想到了生命终会逝去。"
师:"秋天到了,就意味着春天不远了啊!你看,这掉下的落叶,扫起来,用来生火做饭,还正是上好的燃料呢!"

曙师提醒:
生命皆有逝去,能尽其用就好。

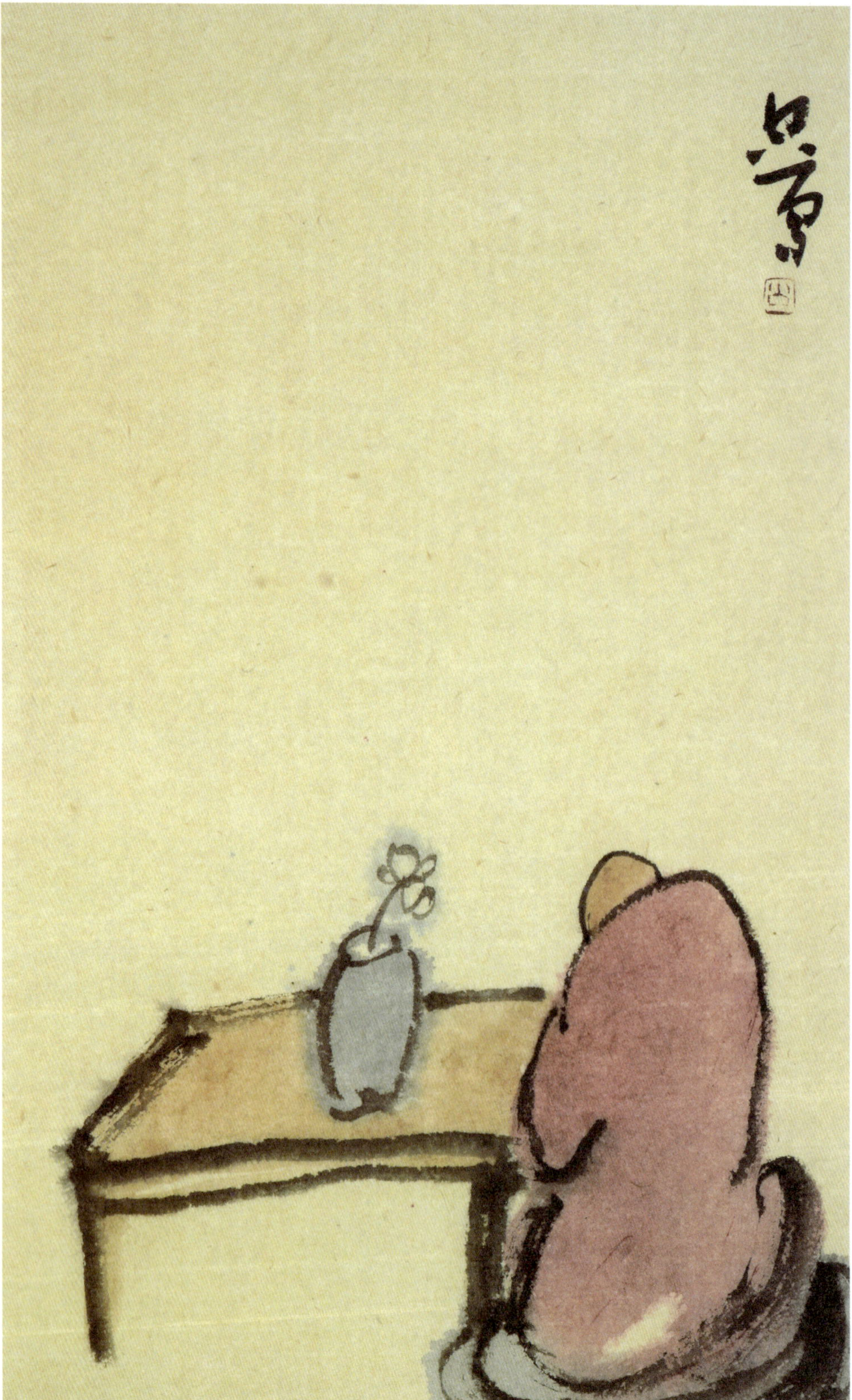

361

阿嘎吧仁波切，有次讲座时说："阿坝机场又旧又破，人们脸上洋溢着欢喜知足的笑容；成都机场又大又新，可人们却行色匆匆，好像每一个都心事重重。"

曙师提醒：

你们说说，同一个世界，可为什么有的人活在天堂，有的人却活在地狱呢？

人问："何为能说不能行？"我答："像我一样，只会巧言令色，既无实证，又不肯踏实修行的便是。"这人说："原来你也知道啊！那为什么不远离微信，少说多行呢？"

曙师提醒：

其实我就是你们的明镜，大家看到我每晨微信提醒，刷着存在感，便可常观自身，莫像我这般只能说，不能行啊！

363

有对夫妇，请教坐禅。师便让他们放下计较，静坐观心。坐到半夜，男的忽然大笑，对其妻说："这坐禅果然好！10年前东村王老二向我借20块钱没还，今儿要不是坐禅，恐怕这笔账就赖掉了。"其妻兜头便一耳刮子："你这呆鹅，10年的利息，就不算了么？"

曙师提醒：

这点旧账算什么？还记得三生石上的旧精魂吗？

一人问:"都说菩萨有求必应,我想求个工作,既轻松省力,又有许多钱,可以么?"禅小胖听了,也不答话,径直地取来一碗,摆在那人面前。这人琢磨半天,忽然一拍脑袋,曰:"我明白了!小师父的意思是'许愿总不能空着手'吧?"禅小胖"嗤"了一声,道:"我这是告诉你,想不劳而获,干脆讨饭去!"

曙师提醒:

换作是我,会给他拿个盆儿,让他慢慢等着,天上总会掉馅饼的。

365

一台电脑,如果用的时间久了,想换又舍不得里面的资料,怎么办?当然是找个硬盘,先把里面的资料储存下来呗!如果这些资料原本就携带着木马病毒,那么即使信息加密了,但这个硬盘只要放入新的电脑,是不是还是会让新的电脑中毒呢?

曙师提醒:

有的人觉得,如果有轮回,换了个躯壳,就已经不是我了,为什么还要承受别人的果报?其实,你只是换了个马甲而已,尽管过去生生世世的记忆密码被你忘了,可你种下的贪嗔痴毒,还是得你自己来尝!

双栖

图书在编目（CIP）数据

曙师的 365 个提醒 / 曙提著．—上海：文汇出版社，2016.1

ISBN 978-7-5496-1681-7

Ⅰ．①曙… Ⅱ．①曙… Ⅲ．①禅宗—人生哲学—通俗读物 Ⅳ．① B946.5-49

中国版本图书馆 CIP 数字核字（2016）第 000269 号

曙师的 365 个提醒

出 版 人	/	桂国强
作　　者	/	曙提
策　　划	/	闻敬
责任编辑	/	戴铮
图书设计	/	蔡鸿君
插　　图	/	空一法师
校　　对	/	陈芳　陈李超　王玉花等
出版发行	/	文匯出版社
		上海市威海路 775 号
		（邮政编码 200041）
经　　销	/	全国新华书店
印刷装订	/	上海锦佳印刷有限公司
版　　次	/	2016 年 2 月第 1 版
印　　次	/	2016 年 2 月第 1 次印刷
开　　本	/	787×1092　1/16
字　　数	/	50 千字
印　　张	/	27.75
书　　号	/	ISBN 978-7-5496-1681-7
定　　价	/	60.00 元

本书经上海市民族和宗教事务委员会审定